审计与法治丛书

郑国洪　赵磊磊◎著

Special Research on Audit Law

审计法专题研究

知识产权出版社
全国百佳图书出版单位
—北京—

图书在版编目（CIP）数据

审计法专题研究/郑国洪，赵磊磊著．—北京：知识产权出版社，2024.1
（审计与法治丛书）
ISBN 978-7-5130-8571-7

Ⅰ．①审… Ⅱ．①郑…②赵… Ⅲ．①审计法—研究—中国 Ⅳ．① D922.274

中国国家版本馆 CIP 数据核字（2023）第 000013 号

责任编辑：雷春丽　　　　　　　　　　责任校对：王　岩
封面设计：智兴设计室·段维东　　　　责任印制：孙婷婷

审计与法治丛书

审计法专题研究

郑国洪　赵磊磊　著

出版发行：知识产权出版社 有限责任公司	网　　址：http://www.ipph.cn
社　　址：北京市海淀区气象路50号院	邮　　编：100081
责编电话：010-82000860转8004	责编邮箱：leichunli@cnipr.com
发行电话：010-82000860转8101/8102	发行传真：010-82000893/82005070/82000270
印　　刷：北京九州迅驰传媒文化有限公司	经　　销：新华书店、各大网上书店及相关专业书店
开　　本：787mm×1092mm　1/16	印　　张：13.5
版　　次：2024年1月第1版	印　　次：2024年1月第1次印刷
字　　数：190千字	定　　价：68.00元
ISBN 978-7-5130-8571-7	

出版权专有　侵权必究
如有印装质量问题，本社负责调换。

总 序

2020年1月，习近平总书记对审计工作作出重要指示，强调审计机关要在党中央统一领导下，适应新时代新要求，紧紧围绕党和国家工作大局，全面履行职责，坚持依法审计，完善体制机制，为推进国家治理体系和治理能力现代化作出更大贡献。因此，有必要从审计与法治融合的视角出发，加强审计法治化研究，这是习近平法治思想在审计领域的具体体现，也是强化审计监督保障作用的必备环节，更是我国经济行稳致远、社会安定和谐的重要保障。

审计与法治联动在国家经济安全、政府权力监督、民主法治建设、民生政策落实、体制机制完善等国家治理现代化方面都起着举足轻重的作用。审计与法治联动，可以化解重大风险，维护国家财政经济安全；审计与法治联动，可以有效遏制各类违法违规行为，打击并严惩贿赂、贪污、腐败等问题；审计与法治联动，可以使人民群众了解各级政府及其部门履职担责情况，推进国家社会共治；审计与法治联动，还可以加强民生政策的有效落实，切实维护好、实现好人民群众的切身利益。因此，审计与法治联合发力，必将推进国家治理体系和治理能力现代化。

西南政法大学监察审计学院（商学院）作为在传统政法院校中发展起来的专门从事商科教育与研究的学院，既有商科教育的专业优势，又有学校法学学科的依托，是全国唯一设立审计与法治博士点培育学科的院校。西南政法大学还与国家审计署审计科研所、中国审计学会共建"审计与法治研究中心"，中心由学院审计学科负责建设。西南政法大学监察审计学院（商学院）抽调骨干教师，编写"审计与法治丛书"，力求推出一套回应时代所需、论证充分的研究成果。本丛书具有以下特点。

审计法专题研究

一、聚焦审计发展中的热点、难点与前沿问题

当前,世界经济增长持续放缓,仍处在国际金融危机后的深度调整期,加之受新型冠状病毒感染疫情影响巨大,世界大变局加速演变的特征更趋明显。审计是党和国家监督体系的重要组成部分,因此需要审计科研乘势而上精准发力,及时揭示和反映经济社会各领域的新情况、新问题、新趋势。本丛书聚焦审计发展中的热点、难点与前沿问题,例如,国家审计与地方政府债务监管问题、资本市场开放后企业社会责任与审计问题、党内监督与审计监督问题以及国有企业境外投资审计问题等,积极回应时代需求,系统深入地研究审计与法治的重点问题,力求解决中国现实问题。

二、以审计学科为基础,融合多学科,填补出版空白

多学科融合研究,常常能够获得单一学科研究无法获得的创新成果。本丛书以审计学科为基础,融合法学、经济学、公共管理学等多学科进行全方位、多层次、多视角研究,分析典型案例,分别对审计促进国家治理、审计法治、审计管理、企业审计等审计重点领域进行深入探讨,力求为国家决策提供切实有效的智力支持。本丛书的出版可在一定程度上填补我国该领域的出版空白。

三、丛书构建

本丛书先后召开编写会议十余次,由中国审计学会会长孙宝厚同志对每本书的论证要点、结构框架、重点问题进行线上或者现场指导。

"审计与法治丛书"包含专著共12部,围绕审计促进国家治理、审计法治、审计管理、企业审计等审计工作的重点领域开展研究,力求推出一套来源可靠、切实有效、论证充分的研究成果。审计学科属于实践性较强的学科,同时,限于资料的有限性,我们力争论述严谨,但也恐有所疏漏,还请各位读者批评指正。

郑国洪

2021 年 2 月 28 日于毓秀湖畔

序 言

　　国家审计是国家治理之基石,是推动改革发展的重要保障。"监督"是国家审计理论体系构建的逻辑起点和目标指向,也是审计机关的首要职责和使命。具体来说,国家审计主要通过监督国家财政资金的分配、使用、管理情况给公权力运行戴上"紧箍咒",有效制约公权力"利维坦"式的扩张。在法理上,国家审计权属于监督权范畴,更确切地说,是一种对权力的审计监督权,它与作为权利的公民监督权(公民对国家机关及其工作人员的批评、建议、申诉、控告、检举等的权利)判然有别。引申而言,审计监督权深刻体现了"以权力制约权力"。著名政治学家 E. A. 里斯(E. A. Rees)在《苏联的国家控制》一书中指出:"所有政治体制研究的中心是国家性质的问题,而国家研究的中心则是控制和经济责任问题。"[1] 国家审计制度作为国家政治体制的重要组成部分,是为了满足国家治理的客观需要而产生和发展的,在国家治理中发挥着不可替代的作用。实践中,国家审计制度可以对国家经济、社会和政治职能履行所必需的公共资源进行必要的规范监督以实现对权力的有效监督,而这种监督正是宪法和法律所设定的基本权力。随着"审计风暴"在中国大地刮起,私设"小金库""账外账"、"三公"经费超标、"吃公函""乱摊派"等财政违法行为得到一定遏制和纠正。备受关注的原铁道部刘某军案、国家开发银行王某案、邮储银行陶某明案、民航系统李某英案等重大案件,皆肇始于审计,其当之为源头反腐的一把"利剑"。恰如原审计长刘家义所言,国家审计是国家治理中的"免疫系统"。[2]

---

[1] REES E A. State Control in Soviet[M]. Russia: Macmillan Press, 1987: 1.
[2] 刘家义. 中国特色社会主义审计理论研究(修订版)[M]. 北京:商务印书馆, 2015: 8-9.

过去十年，乃是国家审计监督制度急速转型的关键时期，中共中央通过一系列顶层设计来持续重塑审计监督的"独立性""权威性""实效性"。2014年党的十八届四中全会首次将审计监督作为八大监督体系之一，2015年明确提出"审计全覆盖"的要求；党的十九大提出"改革审计管理体制"；党的十九届三中全会决定组建中央审计委员会；党的二十大强调"健全党统一领导、全面覆盖、权威高效的监督体系，完善权力监督制约机制，以党内监督为主导，促进各类监督贯通协调，让权力在阳光下运行"。党中央关于审计工作的上述具体决策部署，指明了新时代我国审计监督制度的基本改革方向。较之于制度建立初期修补性、微调式的改革进路，十八大之后的审计监督制度改革已然进入"深水区"，改革力度之大、涉及范围之广前所未有。"水之积也不厚，则其负大舟也无力。"审计监督制度若要于改革中奠基、蓄力，还需将"法治活水"注入其中。"法者，治之端也"，审计法治是服务于国家善治的一种制度秩序，只有为审计监督制度改革上好法治"安全锁"，其"负大舟之力"方能有更好的体制机制支撑。

1994年8月31日，第八届全国人大常委会第九次会议通过的《中华人民共和国审计法》（以下简称《审计法》）被视为新中国审计法治发展的显著成果。自1995年1月1日起，我国全面贯彻实施《审计法》，依法履行审计监督职责，希冀在21世纪初实现审计工作的法制化、制度化和规范化。1997年《中华人民共和国审计法实施条例》（以下简称《审计法实施条例》）出台，进一步丰富和完善了审计法律规范体系。2006年2月，已经实施11年的《审计法》已经无法满足国家审计事业发展的需要，第十届全国人大常委会第二十次会议对其进行了修正。这是新中国审计法治发展史上的里程碑事件。随着2006年《审计法》的修正，1997年颁布的《审计法实施条例》于2010年修订。《审计法》及其实施条例的修改成为审计法治发展的重要标志。党的十八大以来，以习近平同志为核心的党中央厉行反腐。在此背景下，为加强对权力运行的制约和监督，坚持用制度管权、管事和管人，并站在推进国家治理体系和治理能力现代化的高度，致力推进审计管理体制改革，强化党对审计工作的领导，着力构建集中统一、全面覆盖、权威高效的审计监督体系。

2014年10月，中国共产党第十八届中央委员会第四次全体会议通过了《中共中央关于全面推进依法治国若干重大问题的决定》，该决定是全面推进依法治国的纲领性行动指南，对国家审计提出了新的要求，为审计事业设定了新的目标，使审计法治稳步发展为国家战略的重要一环。据此，2015年12月，中共中央办公厅、国务院办公厅印发的《关于完善审计制度若干重大问题的框架意见》明确要求修改《审计法》。党的十九大以来的5年，是不平凡的5年。十九大报告的科学论断为审计法治的发展提供了广阔的空间，而2006年修正的《审计法》已经无法适应中国特色社会主义新时代，无法实现十八大以来党中央对审计工作的新要求。2018年9月，十三届全国人大常委会公布立法规划，将《审计法》修改列入十三届全国人大常委会立法项目。根据全国人大常委会立法规划，审计署再次启动了《审计法》的修改工作。

2021年10月，第十三届全国人大常委会第三十一次会议通过修正后的《审计法》，此次修改促进了我国审计法律体系的完善，提升了审计法律的价值内涵，进一步推动了国家审计行业的现代化发展。值得一提的是，此次修改乃是《审计法》在中国特色社会主义进入新时代后的第一次修改，是审计法治建设的又一次重大进步，也是审计法治建设的新起点，可以说，《审计法》（2021）适应了新时代、体现了新思想、满足了新要求、总结了新经验、立足于新实践、提供了新依据。这部在出台27年才完成第二次修正的审计领域的基础性法律，正面临着审计实践的检验。"天下之事，不难于立法，而难于法之必行。"《审计法》（2021）的实施效果如何？能否如预期那样在法治轨道上推进审计制度改革？这一系列问题还有待时间的检验。这也是郑国洪教授倾力关注审计法专题研究之初衷。

不过，客观而言，关于审计法的有关研究在我国法学界还未得到足够重视，与不断变革的审计现实、不断彰显的审计功能之间尚有一定程度的落差。或者说，之于国家审计，目前我们主要关注的是实务操作层面，与之相关的理论研究更多见于国内经济学界，因而对经济学理论过于倚重，可谓"经济味"有余而"法律味"不足。也因此，审计法基础理论研究相对薄弱，从部门法角度看，审计法属于行政法还是经济法这一基本概念性问题仍未得到广泛探讨。审计法学领域具有标志性、代表性的研究成果尚不多见，出彩之作更是寥若晨星。窃以为，郑国洪教授也正是敏锐地捕捉到了这一点，在"审计与法治"这一重要议题的研究上"靶向发力""持续深耕"，并将近几年的相关研究结论与成果及时呈现在这本学术专著中。可以说，这本书凝聚着郑国洪教授对审计法治研究的所思所悟、情怀热忱与心血汗水，是新时代我国审计法学领域一部难能可贵的诚意之作。

我校西南政法大学本身有着深厚的法学底蕴，校内其他非法学学科也不免会浸润法学之气息，这为学科之间的交叉贯通创造了有利条件。由此我校新兴交叉学科不断涌现，"审计与法治"即为其中之典型。2019年，学校与审计署审计科研所、中国审计学会共建的审计与法治研究中心成立，通过搭建研究基地，为深入开展"审法融合"研究提供了更为广阔的学术平台。目前，西南政法大学审计与法治研究中心在引领交叉学科建设、法商复合型人才培养、跨领域学术研究等方面取得了不错的成绩，这是该研究中心主任郑国洪教授和其他研究人员共同努力的结果，本书顺利出版也见证了他们为之所付出的努力。

值得一提的是，本书在撰写体例上采用的是专题论述的方式（从书名亦可直接看出），明显区别于娓娓道来的纵向推进式的传统"叙事"手法。这种"非线性"结构的铺排十分考验一个学者的专业功底与写作能力，如果各个专题只是"自说自话"，彼此之间做不到一定"兼顾"与"照应"，则易生"拼凑"之嫌。本书所作的"专题式"研究较为妥当，一方面，本书将关注点精准、平行地聚焦于目前审计法领域几个亟待澄清和回应的重要问题，具体包括我国审计法律制度的变迁、坚持与发展中国特色审计法律制度的基本内涵、国家审计机关的权力与责任、《审计法》（2021）解读；另一方面，本书在行文脉络、体系架构上呈现出"以面带点，点面结合""以纲带目，纲举目张"之势，成功达致"形散神聚"之效果，如第一章关于审计法律制度的发展脉络与第四章关于《审计法》（2021）的展望共同串联起整体意义上的审计法治发展史，诸如此类贯穿于各章节的或明或暗的逻辑主线在书中尚有多条。

从内容上看，围绕审计与法治这一命题，郑国洪教授在书中提出了不少具有洞见性、创新性的学术观点。举例言之，第一，国家审计、社会审计和内部审计是我国三大审计力量，应强化"三审"协同发展的法治保障机制。《中共中央关于深化党和国家机构改革的决定》指出，要构建统一高效的审计监督体系。郑教授认为《审计法》应当关注以国家审计为主导、内部审计为辅助和社会审计为补充的"三审"协同工作机制的构建。加强国家审计、社会审计和内部审计的协调配合，规范政府财务权力运作程序和机制。第二，审计管理体制改革应当得到我国最高权力机关的正式授权。江苏、浙江、重庆等七省市地方审计机关省级统管试点改革的依据仅为中央办公厅、国务院办公厅下发的文件，即《关于完善审计制度若干重大问题的框架意见》《关于省以下地方审计机关人财物管理改革试点方案》等行政规范性文件，缺乏法律性文件支撑。国家审计工作涉及党和国家事业全局，同时具有宪法层面独特的地位，其管理体制改革在应然层面属于"重大改革"范畴。按照"重大改革都要于法有据""法无授权不可为"的基本原则，该书认为"省统管"改革试点阶段最好能够得到全国人大常委会的专门授权，以保证改革的合宪性和合法性。第三，本质上作为对公权力监督的国家审计不宜过多触及公民私权利场域。现如今公民的权利保障意识愈发强烈，而政府往往又留有巨大的干预空间，使公权与私权必然发生碰撞。目前，审计监督权向"非公"领域延伸的趋向愈发明显，这种"扩张"可能会削减私主体的自治空间。基于此，该书认为应当在审计全覆盖与公民权利保障之间形成适度平衡。

党的二十大擘画了以中国式现代化全面推进中华民族伟大复兴的宏伟蓝图。2023年是全面贯彻党的二十大精神的开局之年，亦是审计机关成立40周年。在实践层面，

审计法专题研究

党和国家的工作大局就是审计工作的着力点，审计机关要立足"为国而审、为民而计"的职责使命，紧紧围绕党和国家中心工作。在理论层面，审计法的研究显得格外具有时代意义和现实价值。当下，关于审计法的研究应当围绕审计法基础理论、审计法治实践体制机制、比较审计法以及审计法学与其他学科的交叉研究等方面开展，并就《审计法实施条例》的修改进行探讨。值得注意的是，郑国洪教授的这本专著自2019年起经历了多年的潜心研究。由于《审计法》在研究写作期间修改并颁布，书名由《审计法完善的专题研究》改为《审计法专题研究》，内容也随之大篇幅修改，补充了《审计法》（2021）的有关内容，写作过程可谓一波三折。希望郑国洪教授的这本专著能够起到抛砖引玉的作用，呼唤学界重视对审计法的研究，激发更多的学者尤其是青年学者加入审计法研究的队伍，进而为中国审计法治建设持续贡献智识。

是为序。

西南政法大学经济法学院

卢代富

2023 年 5 月 10 日

前 言

应当看到，时下在一些贴近社会生活和国家大力扶持的热门领域，研究学者往往会投入极大的热情且学术成果较多。相比之下，审计法是法学研究中的一个"冷门"方向。无论是研究队伍的增长数量，还是研究成果的产出数量，无疑都佐证了这一点。可以说，在审计法研究方面，不定期、偶然性地"冒出"个别相关论文，已成常态。显然，审计法是我国法学中一个尚未得到认真研究的领域。究其原因，除传统法学研究惯性的影响以外，还与它在知识维度上的跨越性有关（涉及一定的会计核算与审计业务知识）。在此背景下，我们在审计法方向积极开展了一些相关研究，并将研究成果撰写成这本《审计法专题研究》，尝试性地改变长时间以来学界在审计法领域的理论探讨与制度创新明显"关注不够"的局面，并希冀泛起更多涟漪。毕竟，国家审计是国家治理体系内生的系统，更为关键的是，审计法在加强国家审计监督、维护国家财政经济秩序、提高财政资金使用效益、促进党风廉政建设、保障国民经济和社会健康发展等方面具有重要作用。

从内容上看，本书紧紧围绕审计与法治这一逻辑主线，从审计学、法学、政治学等多个学科维度，运用历史分析、价值分析、经济分析等多种研究方法，以审计法律制度为分析考察对象，着重探讨了我国审计法律制度的变迁、中国特色审计法律制度的基本内涵、国家审计机关的权力与责任，并对《审计法》（2021）进行了解读，拓展和丰富了审计法理论研究范式。同时，本书通过对国家审计与法治建设之间内在关系的深入探讨，在全面检视当下审计法治实施环境不佳的客观现实之基础上，深入挖掘审计法领域有待开拓和完善的部分，并据此提出相应的制度增进与优化的建议，有力回应了我国现代审计法律构造和依法审计实践中存在的一些问题，因此，本书也具有较大的现实意义。

  本书从2020年开始编写到大体成稿再到最终出版历时四年。疫情影响之下，笔耕不辍，个中滋味，甘苦自知，又乐此不疲。在中国审计学会孙宝厚会长指导下，书中有不少章节多次调整与修改，几易其稿。在此，特致谢孙会长。由于时间和学识所限，书中定有纰缪之处，在此恳请各位专家、同行和读者不吝垂教。在本书的写作过程中，西南政法大学商学院廖明月老师也提出了诸多宝贵的意见和建议，特别感谢他的无私帮助。最后，感谢知识产权出版社对本书的大力支持，感谢责任编辑雷春丽女士对本书付梓过程的包容和辛勤工作。

郑国洪
2023年2月14日

目 录

第一章　审计法律制度变迁　// 001

　　第一节　审计法律制度变迁的动因　// 002

　　第二节　审计法律制度的发展脉络　// 013

　　第三节　审计法律制度变迁的规律遵循　// 025

第二章　坚持与发展中国特色审计法律制度的基本内涵　// 045

　　第一节　坚持与发展中国特色审计法律制度的基本要求　// 045

　　第二节　中国特色审计立法的几个重要问题　// 059

　　第三节　国家审计属性的识别　// 075

　　第四节　迈向全面覆盖的国家审计及其立法思想　// 088

第三章　国家审计机关的权力与责任　// 104

　　第一节　对国家审计机关审计权力的强调与保护　// 104

　　第二节　审计监督权的定位　// 125

　　第三节　审计处理处罚权的边界　// 133

　　第四节　审计公告制度的实现　// 146

第四章 《审计法》(2021)解读 // 164

　　第一节 《审计法》(2021)的重大现实意义 // 165

　　第二节 《审计法》(2021)的主要修改内容 // 171

　　第三节 对《审计法》(2021)的展望 // 190

参考文献 // 195

审计法是国家制定的用以调整审计主体与被审计对象之间在审计活动中发生的社会关系的法律规范的总称。一般来说,"审计"是对国家审计[①]、社会审计和内部审计的统称,国家审计、社会审计和内部审计共同组成了我国的审计制度体系。因此,广义的"审计法"指有关审计工作的立法,包括国家审计、社会审计和内部审计的立法。狭义的"审计法"指《审计法》,即关于国家审计的专门立法。鉴于国家审计在审计制度体系中的重要地位,本书主要围绕国家审计及其相关法律来展开论述,并以《审计法》为重点研究对象。

第一章 审计法律制度变迁

新中国成立至今,我国社会经济体制发生了巨大变化,即从传统计划经济过渡到中国特色社会主义市场经济,而贯穿其中的不仅是权力的配置和运行,更有权力的监督和制约,因而自然也就离不开国家审计。审计制度从逐步探索到体系健全,其发展步伐逐渐与中国法治、中国特色社会主义的发展同步合拍,审计事业发展的过程其实就是审计工作不断法治化的过程。[②] 相应地,审计法律制度变迁的脚步从未停止,在不

[①] "国家审计"和"政府审计"的意思相近,一般都是指审计机关所实施的审计,本书将不加区分地使用这两个概念。

[②] 彭华彰,等. 国家审计与民主法治论[M]. 北京:中国时代经济出版社,2012:69.

同的历史时期呈现出不同的发展样态,从"法制化"走向"法治化"、从"初步形成"到"规范发展",最终成为中国特色社会主义法律体系的重要组成部分。本章所研究的审计法律制度主要是适用于国家审计的相关法律规范,通过深入分析我国审计法律制度的演进历程来求得发展规律与经验启示,以期为审计法未来的良性发展提供参考。

第一节 审计法律制度变迁的动因

一、不断变化的经济环境

在人类文明史上,审计有着悠久的历史并随着不断变化的经济环境而持续更迭。根据受托经济责任理论,所有权与经营管理权的分离是受托经济责任产生的前提,而审计产生的前提则是对受托者履行经济责任情况的监督评价,如图1-1所示。也就是说,有受托经济责任关系就有经济监督的客观需要,审计就是基于这种监督的需要而产生的。纵观国内外审计发展史,大致可以分为以下三个阶段:第一,原始社会阶段。在原始社会,生产力水平低下,经济形态属于自给自足的自然经济范畴,由于没有商品交换,受托经济责任无从谈起,因此也就没有审计。但仍有观点认为,原始社会末期是存在经济活动的,当然也就会有萌芽意义上的审计活动。[①] 第二,奴隶社会和封建社会阶段。随着生产力水平的不断发展,原始社会末期开始出现相对剩余产品,社会的物质财富逐渐聚集到少数人手中,而对物质财富的不公平分配是私有制的最早表现形式。人类进入奴隶社会后,生产资料私有制得到进一步发展,财产的所有权和经营管理权开始分离,委托与受托经济责任关系的出现为审计的产生提供了土壤,于是官

---

① 李孝林,李歆. 审计产生于奴隶社会早期说新证:兼论国家审计产生于国家治理的需要[J]. 南京审计学院学报,2013(2):105.

厅审计应运而生。据史料记载，我国官厅审计的实践可以追溯到西周时期。[①]西周曾在天官之下设"宰夫"一职，行使财计稽察之权。秦汉又建立御史监察制度，主要是监察百官，具有审计官吏绩效的职责。唐宋时期，国家设立"比部"作为专门的审计机关，标志着封建社会官厅审计制度的成熟。可以说，官厅审计是一种维护受托私人经济责任的制度安排，其本质是维护集权的专制统治，或者说维护奴隶主、封建主的利益。但其所具备的查错防弊功能，在一定程度上推动了经济社会的发展。第三，资本主义社会或社会主义社会阶段。当人类社会进入资本主义社会或社会主义社会，社会经济持续发展，受托经济责任关系日趋复杂。在此情况下，基于民主政治新观念的国家审计，其社会功能开始发生转变——通过对政府公权力的制约和监督，保障社会公众的政治和经济权利，实现经济社会的繁荣、稳定与发展。进一步分析，寓于经济环境更迭之中的国家审计在本质上是一种经济监督活动，而在现代法治视野下，经济监督活动的效果需要由审计法律制度加以保障。

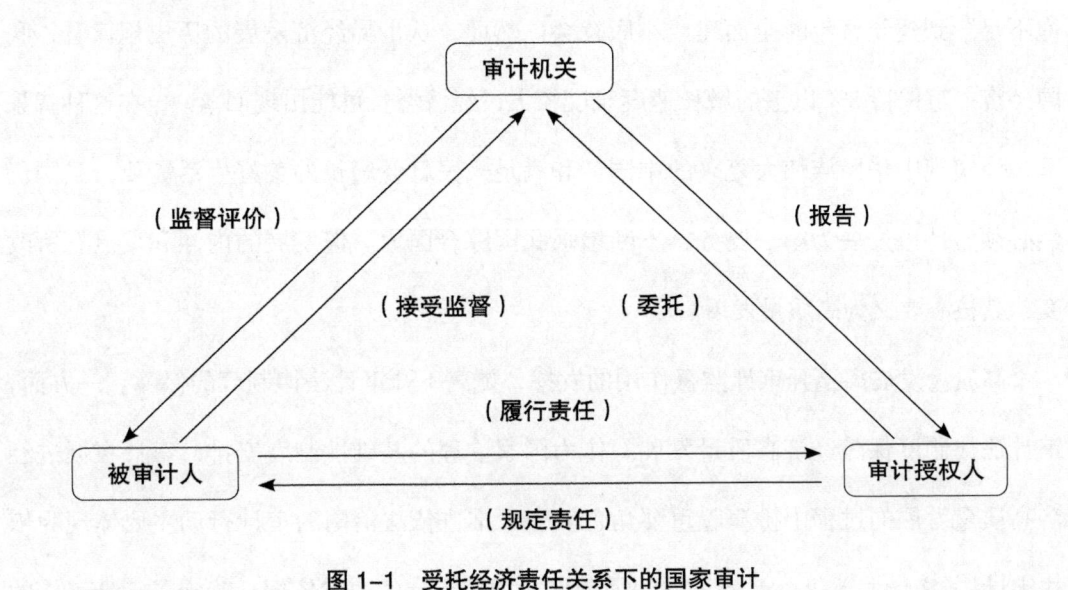

图1-1 受托经济责任关系下的国家审计

---

① 张鸿杰，贾丛民. 中国审计大辞典[M]. 沈阳：辽宁人民出版社，1990：425.

审计法专题研究

新中国成立以来，不断变化的经济环境与不断完善的审计法律制度在一定程度上具有高度契合性。新中国成立初期，百废待兴，审计法律制度处于恢复和重建时期。随着我国社会主义改造的完成，新民主主义开始向社会主义迈进，审计法律制度也得到发展。不过，在20世纪50年代后期至70年代这一特殊历史阶段，由于初步建立起的社会主义法制遭到破坏，审计法律制度的发展也被迫停滞，甚至一度被取消。1978年，党的十一届三中全会确立了改革开放的战略方针，为审计法律制度的重构奠定了基础。随着改革开放的深入推进和社会主义市场经济的全面建立，审计法律制度的层次不断提高。21世纪以来，国民经济持续快速增长，社会主义市场经济体系和法律体系日益完善，我国审计监督法律框架体系也初步形成。

根据党的十九大报告，我国经济已由高速增长阶段转向高质量发展阶段。高质量发展是新时代中国经济发展质量的高水平状态。改革开放40多年来，我国经济一直保持着高速增长状态并创造了中国神话，从"一穷二白"到世界第二大经济体，从"温饱不足"到建党百年时全面建成小康社会。然而，从世界经济发展的历史规律看，我国经济一直保持8%以上的增长速度难度较大，经济增长可能出现回落。[①] 在这种背景下，为实现中华民族伟大复兴的中国梦和满足人民日益增长的美好生活需要，我国仍然必须坚持以发展为第一要务，不断增强我国综合国力。但发展的内涵和重点有所改变，其核心要义为高质量发展。

高质量发展离不开审计监督作用的发挥，更离不开审计法律制度的保障。一方面，审计法律制度保障经济高质量发展。作为国家治理的基础性制度安排，审计在促进经济高质量发展的过程中扮演着重要角色。全面推进依法治国的审计行动主要体现为依法审计。《审计法》等一系列审计法律制度是国家审计的法律依据，确定了审计工作的

---

① 金辉. 厉以宁：指望经济增速重回8%以上不可能[N/OL].[2021-08-12]. http://views.ce.cn/view/ent/201511/06/t20151106_6918125.shtml.

地位、任务和作用，规定了审计工作的基本原则、审计机关的职责权限和审计程序以及法律责任等，能够有效规范审计行为、维护财经法纪、保障审计监督发挥作用。审计法律制度能够强化审计监督，有助于推进各项经济工作的有序开展，为经济高质量发展保驾护航，确保党中央重大决策部署落地生根。另一方面，审计法律制度助推高质量发展中审计实践问题的解决。经济的高质量发展与国家审计工作的开展相生相伴。中国特色社会主义进入新时代，国家审计工作承担新的使命、面临新的挑战，审计实践中的诸多问题均需要依靠审计法律制度来解决，这将倒逼审计法律制度的修改和完善。《审计法》作为审计基本法律，是审计工作最基本的法律依据，对其进行修改是国家审计工作不断发展和完善的标志和保障。也正因为如此，以《审计法》为核心的审计法律制度体系才能使审计工作更好地对经济社会发展过程中的重大战略、政策、项目和资金进行"经济体检"，提升公共资金、国有资产和资源的使用绩效；才能保证审计工作的效率效果进而保证发展的质量效益，服务经济高质量发展。总之，要实现经济高质量发展的目标，离不开"回应性"审计法律制度的构建。

二、与时俱进的国家治理理论与实践

在国家治理概念提出之前，治理理论已经广泛运用于社会科学和公共政策领域，它以社会中心论为基础，强调社会诉求并以之作为评价、规制政府行为的工具。在国家发展过程中，不可避免地会面临危机与质疑。在此背景下，国家治理理论开始兴起，除考虑到治理理论本身所强调的社会诉求，它更关注国家主导社会转型和现代化发展的重要意义。党的十八届三中全会通过的《中共中央关于全面深化改革若干重大问题的决定》将"推进国家治理体系和治理能力现代化"列为全面深化改革的总目标之一。党的十九大报告进一步指出，当前乃至今后一段时期，必须坚持和完善中国特色社会主义制度，不断推进国家治理体系和治理能力现代化。当前，政治学、经济学、社会学、管理学和法学等相关社会学科已经开始聚焦国家治理理论与实践问题研究,如何运用这些理论帮助国家走出困境和实现现代化发展成为新时代的重大课题。在国家审计与国家治理的互动关系中,主要包括以下两个方面的内容:

一方面,国家审计是国家治理的基础构成。作为相互制衡的一项政治制度安排,国家审计承担着对国家治理体系中各类主体实施监督和制约的职责,在国家经济、政治、社会生活等领域的治理中发挥重要作用。国家审计服务于国家治理,以推动国家治理体系和治理能力现代化为着力点。从功能主义出发,国家审计具有权威性、专业性和客观性等特征,通过独立的监督手段充分发挥"免疫系统"功能,推进法治政府建设以及治理体系现代化。在此过程中,国家审计具有工具性角色,通过在国家治理实践中问责政府,不仅能够查处弊端、纠正错误,还能保护国家经济安全、加强反腐廉政建设、化解国家治理风险和优化国家治理环境。这对反腐败和深化改革都具有重要意义,有利于建立起一个完善的政府绩效评价体系。[1]例如,"在新时代,国家审计被视为人民群众对政府官员开展监督的特殊制度安排,借此能够对政府进行监督制约,也能够通过审计问责对领导干部的经济责任进行审计"。[2]国家通过审计监督可以发现治理结构的短板和治理能力的欠缺,从而提出完善治理结构和提升治理能力的措施,保障并促进国家治理体系中决策与执行系统的高效运行。可见,作为一种基础性、根本性和稳固性的制度安排,国家审计制度是国家治理制度的重要组成部分,能够支撑并推进国家治理体系的稳定运转。需要强调的是,为充分发挥国家审计的工具价值,审计机关应当摆脱对政府若即若离的依附,以相对独立的形式制约权力,为国家治理提供有力且高效的监督。

另一方面,国家治理决定国家审计的定位与作用。国家治理是一个动态均衡的调试过程,推进国家治理体系和治理能力现代化必然会面临诸多挑战,需要国家不断地

---

[1] 冯均科.以问责政府为导向的国家审计制度研究[J].审计研究,2005(6):13.
[2] 蒋彭阳,刘玉仙.国家审计与国家治理的辩证关系与耦合理路[J].领导科学,2020(10):13.

对治理结构中无法适应内外部环境变化的部分进行调整与改革,避免出现系统性治理崩溃。在新时代,我国国家治理的根本目的是维护经济安全、确保人民利益不受侵害,并在此过程中构建和谐、统一、安全的社会。[①]从国家治理的层面去认识国家审计,有助于明确国家审计在以下四个方面的作用:其一,权力制约。为防止国家权力对个人权利的侵害,大多数国家都实施了监督制度,以制约或约束国家治理体系中各主体的权力行使。国家审计就是其中一项重要制度,其需要在国家财政监督、公共资金配置等方面发挥作用,对权力运行失范及政策执行不力等问题提出相应整改意见。[②]其二,利益协调。党的十八大报告提出要确保决策权、执行权、监督权既相互制约又相互协调,有学者将这种国家治理框架下的权力结构与运行机制称为具有中国特色的"功能性分权"。[③]审计机关作为行使审计监督权的专职性监督主体,有利于落实党中央集中统一领导下的权力分工,并通过优化财政资源配置来调解各权力主体的利益冲突。其三,机制创新。国家治理涉及政治、经济、文化、社会和生态文明等各个领域,为了使各领域的政策措施取得良好的执行效果,国家审计应当与各领域机制创新相契合,为国家治理的制度、体制和机制优化给出有价值的意见和建议。[④]其四,风险防范。现代社会是风险社会,国家治理的一个关键任务是防范经济社会发展中可能产生的风险。例如,当前地方政府的隐性债务负担值得警惕,审计监督能够为地方政府债务加筑"安全网",提升地方政府债务风险的防控能力,最大限度地降低经济社会发展中的不确定性。总之,国家审计参与国家治理的广度和深度,决定着其职能定位与作用的发挥。创新审计方法、提高审计技术和完善审计机制对新时代提升国家治理绩效、促进国家治理工作开展具有重要的现实意义。

---

① 梁文.试论国家审计在国家治理中的作用机理及发展路径[J].行政事业资产与财务,2017(12):76.
② 陈慧.如何实现国家审计与国家治理的啮合推动[J].审计月刊,2013(6):15.
③ 陈国权,皇甫鑫.功能性分权:中国特色的权力分立体系[J].江海学刊,2020(4):129.
④ 蒋彭阳,刘玉仙.国家审计与国家治理的辩证关系与耦合理路[J].领导科学,2020(10):14.

综上所述，随着中国特色社会主义市场经济体制改革的深入，以及现代国家治理的不断发展，党和人民群众对国家审计提出了更多、更高的要求。国家审计以推动国家治理为目的，国家治理以依法治国为手段，国家审计与法治建设具有趋同的愿景和使命。《审计法》为国家审计提供了最基本的法律框架，保障国家审计在服务国家治理决策、维护国家治理秩序、促进国家治理创新等层面发挥重要作用。随着新时代中国不断涌现出一些新问题，国家审计将紧紧围绕国家治理的任务和需求，在更宽领域和更高层面发挥更大作用。

三、日益完善的法律法规体系

党的十九届四中全会指出，建设中国特色社会主义法治体系、建设社会主义法治国家是坚持和发展中国特色社会主义的内在要求。中国特色社会主义法治体系和社会主义法治国家的建设，首先需要完善以宪法为核心的中国特色社会主义法律体系并加强重要领域立法。一个国家法治体系是否健全，直接反映了其法治化进程。为加快建设社会主义法治国家，我国必须加强各个领域的法律体系建设，实现全方位、多维度、多层次的依法治国。2011年3月，时任全国人民代表大会常委会委员长的吴邦国同志宣布：一个立足中国国情和实际、适应改革开放和社会主义现代化建设需要、集中体现党和人民意志的，以宪法为统帅，以宪法相关法、民法、商法等多个法律部门的法律为主干，由法律、行政法规、地方性法规等多个层次的法律规范构成的中国特色社会主义法律体系已经形成。[①] 这意味着，中国特色社会主义法治体系建设和社会主义法治国家建设有了最根本的法制基础，其亦为审计法治建设的稳定推进奠定了坚实基础。

---

① 吴邦国.已形成中国特色社会主义法律体系［EB/OL］.［2023-01-03］.https://news.jxnews.com.cn/system/2011/03/10/011605507.shtml.

第一章 ‖ 审计法律制度变迁

国家审计活动是一种法治活动，依法进行审计，是国家审计的重要特征。[①]时代在发展、社会在进步，审计与法治是相互契合的，加快建设中国特色社会主义法治体系必然要求加强审计法治体系建设，推动审计工作的合法化和规范化。审计法治，涉及立法、执法、守法、法律实施和法律监督的全过程，[②]但最为关键的是，其首先应当以立法或者法制化的形式呈现。纵观审计法治发展史，可以看到一个基本的规律或特点，即审计立法与时俱进，与社会需求如影随形。这与法律作为上层建筑的一部分，适应经济基础的要求而产生的理论相一致。[③]

审计法律法规是审计监督权运行的制度保障，作为其中核心的《审计法》自2006年第一次修正后，在保障审计机关依法独立行使审计监督权，推进审计工作规范化和法治化，健全党和国家监督体系等方面扮演了十分重要的角色。随着中国特色社会主义市场经济体制改革的深入与国家治理体系和治理能力现代化的推进，特别是党的十八大以来，一系列治国理政方略促进了国家审计工作的新发展。在近些年的审计实践中，这些变化与趋势值得我们关注：各地对中央重大政策措施落实情况开展了阶段性跟踪审计，如针对汶川地震抗震救灾和灾后恢复重建、奥运场馆建设、京沪高速铁路建设等项目的跟踪审计；从国家治理的视角重新认识国家审计的功能、性质与定位，更加突出审计在加强宏观调控、防范经济风险等方面所发挥的重要作用；不断确立中国共产党在审计工作中的领导地位，提高审计监督的政治站位；强化审计结果运用并把推动审计整改贯穿审计全过程，使审计整改走向规范化、制度化；提出并逐步实现对公共资金、公共资产、公共资源、领导干部经济责任等领域审计监督的全面覆盖；深化审计管理体制改革，组建中央审计委员会。所有这些，既充分反映出审计法律法

[①] 《中国审计年鉴》编委会. 中国审计年鉴（2006）[M]. 北京：中国时代经济出版社，2007：591.
[②] 王龙飞，刘文. 国家审计法治建设初探[J]. 现代审计与经济，2014（6）：16.
[③] 谢冬慧. 新中国七十年审计法治发展之回瞻望[J]. 中国法律评论，2019（5）：153.

规修改的必要性，同时也为修法工作打下了坚实的实践基础。然而应当看到，《审计法》(2006)与新时代党和国家对审计工作的要求相比还有一定差距，难以体现它在党和国家监督体系中负担的角色及功能：从宏观层面看，其在我国法律体系中的定位无法准确地反映《审计法》的本质；从微观层面看，某些条款已经明显不适应国家审计事业发展的需要。[①]可以说，《审计法》(2006)的诸多内容已存在明显的滞后性和不适性，亟待对其进行修订和完善，以期在新的历史时期更好地提升国家治理能力。

据此，适时推动审计法律法规的更新，尤其是《审计法》的"释"和"改"，为审计监督权的行使提供法治保障，既是顺应之策，又是必然之举。2018年，《审计法》的修改被列入十三届全国人大常委会立法规划第二类项目。2021年5月，国务院常务会议通过《审计法（修正草案）》，在我国审计法治史上又迈出了可喜的一步。草案的出台表明我国加快了《审计法》(2006)修改工作的步伐，以期把有关审计监督顶层设计的改革成果以法律的形式固定下来。2021年10月，修正的《审计法》表决通过，这是完善我国审计法律制度的一项重要举措。此次《审计法》的修改，汇聚了各方意见和建议，在审计法治建设历史上具有里程碑的意义，为我国审计制度的长远发展提供了根本保障。

四、国家审计文化的发展积淀

法律的产生与发展同文化的发展是紧密联系的，特定的文化环境是构成法律制度的文化基础。法律的演进史告诉我们，任何一部法律实际上都是文化积淀的结果，都离不开特有文化的滋养，不同的文化选择决定了不一样的法律制度。因此，一个国家

---

① 例如，以目前的视角来看，《审计法》(2006)中在党对审计工作的集中统一领导、审计全覆盖、审计职责保障、审计整改落实和审计法律责任等方面，还存在新的改革要求与当前规定不一致或没有明确规定的现象。

法律的自我表达往往表现为具有浓烈的地方性知识形式所反映的一种社会规则。① 同样，在国家审计领域，国家审计文化一直是审计法律制度生成与运作的沃土良园。"中国国家审计文化是在中国国家审计的长期实践中产生的，深入中国国家审计人员内心的精神理念、价值标准、制度规范"。② 由此可知，从法治的视角进行思量，国家审计的法治之路其实是国家审计文化条件下的实践活动。正是受国家审计文化的浸染和熏陶，我国的审计法制体系才得以日臻完善。进言之，国家审计文化在深层次上对国家审计人员及国家审计活动有着深刻的影响，从而也对审计法律制度产生全面影响，是审计法律制度变迁的重要推动力。

首先，国家审计文化是国家审计事业发展的内在动力。任何一项事业的发展都需要以相应的文化为依托，唯有充分尊重该文化存在的合理性，并依循其发展脉络及理路，才能完成不同历史时期的任务目标。同理，国家审计事业的发展亦离不开国家审计文化这块深厚的土壤，国家审计文化以其特有的特征和内涵对审计事业科学发展形成重要的支撑。以国家审计的职能定位为例，"审计的职能从'公共资金的守护神''权力运行的紧箍咒''经济卫士''免疫系统'到国家治理，都体现了审计文化的发展"。③ 近年来，审计业务类型的拓展、审计技术手段的更新、审计组织方式的创新等国家审计领域重大的变革，都对审计职能定位提出了新要求、新挑战。能否找准新形势、新环境下的审计职能定位，直接决定了审计职能作用能否有效发挥。从文化的视角进行检视与思量，国家审计文化作为国家审计事业发展的行动指南，可以在新的更高起点上帮助找准审计职能定位，进一步明确审计权限和边界，使其与时俱进，根据外部环境的变化而进行自我调整。由此可以说，国家审计文化不仅是一整套理论体

---

① 李瑜青. 传统文化与法治：法治中国特色的思考［J］. 社会科学辑刊, 2011（1）: 80.
② 张红梅. 论中国国家审计文化［J］. 财会月刊, 2014（8）: 95.
③ 王彪华. 新形势下国家审计职能定位研究［J］. 中国软科学, 2020（11）: 169.

系,还能应用于国家审计实践,指导国家审计事业发展。

其次,国家审计文化可以推进审计管理体制改革。审计管理体制是一种具有鲜明政治属性的制度安排,故而,对它的任何改革都应慎之又慎、考虑周全。而制度层面的审计文化本身代表着国家审计文化建设所达到的水平和高度。这是因为制度文化是国家审计文化的纽带,是对一切规章制度及行为准则的综合反映,更是审计法律法规的进一步延伸,具有独立性、约束性与和谐性。就独立性而言,它是国家审计文化最本质的特征。倘若失去独立性,审计监督的客观性与公正性便无法得到保证。审计管理体制改革强调增强审计监督的独立性,使国家审计重新焕发生命力。从这一意义上讲,国家审计文化中独立性的存在,是审计管理体制改革的促进力量;就约束性而言,它是国家审计文化重要的价值取向。现行审计管理体制最大的症结在于"双重领导",使得管理秩序呈现出混乱的状态。因此,对领导权进行约束与规范,是畅通政令通道、化解体制内矛盾的关键。通过构建约束机制,对超越审计监督范围及权限的行为进行严肃问责,是提升国家监督水平的有效举措,这也是国家审计文化中约束性的旨意所在;就和谐性而言,其主要着眼于以和谐的思想及理念指导审计管理工作,以实现诸多要素的和谐统一。它不仅可以打造监督者与被监督者、领导者与被领导者之间和谐有序的关系,还有助于营造以和谐为基调的审计环境,实现审计管理体制自身的和谐发展。

最后,国家审计文化能够重新定义审计人员的角色定位。作为国家经济监察部门,国家审计机关承担着行使审计监督权的重任。因此,与一般国家工作人员相比,国家对审计人员提出了更高的个人品质要求——依法审计、独立审计、廉洁审计等,这些可视为我国目前国家审计文化的具体体现。但是,在审计工作实务中,大部分审计人员都还表现出传统管制型政府模式下的角色身份、思想观念和行政文化,只注重其监督者的身份,而忽视了审计的评价和服务功能。这种经济监督者的站位,使审计人员和被审计单位之间形成某种程度上的对立。因此,在相当多的场合,国家审计也就难以真正发挥"免疫系统"的作用,而且,审计人员也会经常处于激励不足的状态。需要说明的是,审计文化内涵的基本界定虽然复杂,但理论上至少应当涵盖物质、制度和精神三个层面。精神层面的审计文化主要表现为审计人员的思想意识和精神风貌,凝结着整个审计文化系统的精髓。作为对国家治理的回应,精神层面的审计文化要求审计人员从"管制者"角色向"治理者"角色转换,不断提高审计人员的专业素养与道德品质,以实现监督与服务并重的国家审计目标。

综合以上可以发现,国家审计文化深刻影响着国家审计事业发展、审计管理体制改革、审计人员角色定位,国家审计通过不断汲取国家审计文化中的有益因子,以此作为自身发展与完善的依托。需要重申的是,在国家审计文化对国家审计实践产生影响的同时,基于审计实践的审计法律制度也在进行相应调适。毋庸讳言,国家审计文化代表着一种文化软实力,是孕育审计法律制度的深厚土壤,为审计法律制度的变迁提供了丰富的思想源泉。

第二节　审计法律制度的发展脉络

一、中国特色社会主义审计法律制度的确立与变化

新中国成立初期,我国物质生产方式以计划经济为主,国家治理对审计作用的需求有限,因此没有设立独立的审计机关,对财政财务收支的监督主要由财政、税务、银行等部门来进行。1949年9月通过的《中国人民政治协商会议共同纲领》规定了金融管理制度和财政预决算制度,[①] 这是新中国审计法律制度建设起步的标志。遗憾的是,由于政治、经济等诸多因素,相关审计法律制度及其具体实施并没有顺利进行。直到

---

① 《中国人民政治协商会议共同纲领》第39条、第40条。

审计法专题研究

1978年底，伴随着改革开放的伟大进程，我国审计法律制度获得了新生与发展，从此以后的40余年里，在推动国家治理体系和治理能力现代化过程中发挥着重要的保障作用。回顾历史，中国审计制度已然走过七十余年历程，如何充分结合"中国特色"的优势，也即，如何走出一条具有中国特色的审计发展道路，进一步充实中国特色社会主义审计制度的法律基础，是当下和未来重要的逻辑启示。[1] 从总体上看，中国特色社会主义审计法律制度的历史发展大致可以分为以下四个时期。

(一) 改革开放初期的审计法律制度

1978年，改革开放的伟大战略决策启动确定了进一步健全社会主义民主精神和加强社会主义法制的任务。1982年，党的十二大提出了建设有中国特色的社会主义的重要思想，确定了经济建设的战略目标、战略重点、战略步骤和方针政策。1984年10月，党的十二届三中全会通过《中共中央关于经济体制改革的决定》，提出要进一步贯彻执行对内搞活经济、对外实行开放的方针，加快以城市为重点的经济体制改革的步伐。经济社会蓬勃发展，也决定了国家治理对财政经济管理和监督的客观需求在不断增强。具体而言，随着我国的工作重心更多转移到经济建设上来，经济分权成为突破口，"统收统支"的财政管理体制渐以瓦解，但问题在于，当经济逐渐搞活、放开以及权力不断分散时，侵害群众利益的不正之风也可能随之而来，于是经济监督制约工具的建立势所必然。正因如此，有观点指出，这一时期为适应加强财政经济管理、建立健全经济监督机制、保障改革开放之客观要求，国家审计制度才应运而生。[2]

综观世界大多数国家，为确立审计在国家管理或治理中的重要作用，通行的做法

---

[1] 鹿斌，沈荣华. 中国特色社会主义审计制度70年回顾与展望[J]. 社会科学研究，2019 (5)：35.
[2] 姜江华，刘誉泽，杜相乾. 中国特色社会主义审计制度：发展历程与改革重点[J]. 中国行政管理，2018 (9)：59.

就是将国家审计写入《宪法》。1982年12月，新中国第四部《宪法》正式通过并颁布，至此，国家审计正式获得了《宪法》层面的制度保障。这是因为，1982年《宪法》明确规定了在我国实行审计监督制度，确立了审计体制的整体架构、审计机关的主要职责、审计监督的基本原则。具体来说，其中总共有7条规定直接涉及国家审计，分别是第62条、第63条、第67条、第80条、第86条、第91条和第109条。审计入宪是中国审计发展史上具有划时代意义的重大事件，在客观上加速了中国审计法律制度发展的进程。此外，这一时期关于国家审计的法律文件还包括《审计署关于对金融保险机构进行审计监督的通知》（1984年）、《国务院关于审计工作的暂行规定》（1985年）、《审计工作试行程序》（1985年）等。总体上看，国家审计写入《宪法》揭开了审计法治发展的崭新一页，再加之这一时期其他审计法律文件的相继颁布，审计工作开始步入正轨并在各个领域渐次展开。

（二）从计划经济向社会主义市场经济转变时期的审计法律制度

1986—1993年，我国经济体制从计划经济逐步向社会主义市场经济转变。党的十三大提出"一个中心、两个基本点"的社会主义初级阶段基本路线，党的十四大又提出建立社会主义市场经济体制的改革目标。这一时期，党和国家有关社会主义建设、经济体制改革和治理整顿的目标任务，对审计工作方针、审计实践和审计制度等产生了重要影响。为保障经济体制的顺利转变、规范财政经济秩序以及进一步加强经济监督，国家审计制度不断发展，审计立法也取得了历史性成果。

1988年10月，我国在总结《国务院关于审计工作的暂行规定》的基础上制定了《中华人民共和国审计条例》（以下简称《审计条例》），其作为《审计法》的前身，规定了审计监督活动应遵循的基本原则，包括依法审计、独立审计等。审计机关依照《审计条例》的有关规定，大规模地开展了针对下级政府财政收支的审计工作，也即

"上审下"。财政审计工作也不再与税收、财务、物价大检查[①]相结合,审计的权威性得到进一步加强。[②] 可以说,《审计条例》的颁布大大提升了审计工作的法制化和规范化程度,不仅将《宪法》关于审计监督的原则规定进一步具体化,而且对将来《审计法》的制定起到了良好的支撑与衔接作用。值得注意的是,这一时期还有一些颇具代表性的审计法律规范相继颁布实施:1989年,《行政单位定期审计制度》颁布,建立了党政机关和事业单位财政财务收支定期审计制度,表明了审计监督所具有的周期性和经常性;1993年,《中外合资合作经营企业审计办法》《全民所有制工业企业转换经营机制审计监督规定》发布实施,建立了具体领域的审计制度,为相关审计工作的开展提供了基本遵循,确立了审计监督的重点。此外,在国家审计制度日臻完善的同时,关于中国人民解放军审计工作的具体制度安排也在不断发展。1987年制定颁布的《中国人民解放军审计工作条例(试行)》从法规层面确立了军队审计的地位,将军队审计工作的开展推向一个新的高度。

(三)社会主义市场经济建立时期的审计法律制度

1993—2002年是社会主义市场经济体制初步建立时期。1993年11月,党的十四届三中全会通过《中共中央关于建立社会主义市场经济体制若干问题的决定》,明确了社会主义市场经济体制的基本框架。党的十五大把依法治国确定为党领导人民治理国家的基本方略,积极推进社会主义法治建设。党的十六大将"依法治国基本方略得到全面落实"列入全面建设小康社会的重要目标。建立社会主义市场经济体制,实行依

[①] 改革开放后,正常的经济和财政秩序还在建立的过程中,"跑、冒、滴、漏"情况严重,国家财政收入被截留和挪用的情况较多。鉴于此,在1981年开始的财政部企业财务检查的基础上,1985年由国务院设立税收、财务大检查办公室,主要由财政部、审计署、国家税务总局和国家物价局四个单位共同组成,开始对全国范围内社会经济活动各个领域和环节的检查。具体参见汪德华,侯思捷,张彬斌. 中国共产党领导的国家审计:百年历程与发展启示[J]. 财贸经济,2021(7):25.

[②] 李金华. 中国审计史(第三卷·上)[M]. 北京:中国时代经济出版社,2005:179-180.

法治国基本方略,为审计法律制度提供了更加有利的发展环境。

1994年8月,第八届全国人民代表大会常务委员会第九次会议审议通过了《审计法》(前述《审计条例》同时废止),其作为国家审计的根本法,是国家审计工作中一切活动和行为的基本规范和准绳。它的颁布实施是审计立法的突破,标志着中国特色社会主义审计法律制度取得重大突破性进展。此部《审计法》分为总则、审计机关和审计人员、审计机关职责、审计机关权限、审计程序、法律责任和附则,共7章51条。同时,从顶层设计角度确定了国家审计的三项基本原则,即依法审计原则、独立审计原则、审计机关实行双重领导体制的原则。[①]为进一步推动《审计法》的贯彻施行、健全审计法律制度体系,国务院于1997年10月颁布了《审计法实施条例》,"这是继《审计法》颁布之后完善我国审计法律体系的又一重要举措"。[②]《审计法实施条例》的框架与《审计法》基本一致,对《审计法》中的原则性规定作出了细化落实或具体解释。这一时期的审计法律规范还包括:国务院发布的《中央预算执行情况审计监督暂行办法》(1995年);审计署颁布的《中华人民共和国国家审计基本准则》(1996年);[③]中共中央办公厅、国务院办公厅印发的《县级以下党政领导干部任期经济责任审计暂行规定》和《国有企业及国有控股企业领导人员任期经济责任审计暂行规定》(1999年)。也正是在这一时期,以《宪法》为统帅、以《审计法》及其实施条例为主体、以审计准则相配套的比较完善的中国特色社会主义审计法律制度体系初步形成。

此外,在军队审计方面,由于1987年发布的《中国人民解放军审计工作条例(试行)》中的一些规定已经不合时宜,中央军委于1995年颁布了《中国人民解放军审计

[①] 于庆华.审计学与审计法[M].北京:中国政法大学出版社,2005:83.
[②] 李金华.中国审计史(第三卷·上)[M].北京:中国时代经济出版社,2005:256.
[③] 除《中华人民共和国国家审计基本准则》以外,这一年审计署还制定发布了一些其他具体准则,总体上看,这套国家审计准则体系包括以下几个层次:国家审计基本准则、通用审计准则、专业审计准则和审计指南。

条例》。这一新的条例，为调整军队领域的各种审计关系提供了重要的法律依据。

（四）社会主义市场经济完善时期的审计法律制度

从2003年开始，我国改革开放进入完善社会主义市场经济体制的新阶段，这一阶段审计法律法规的完善取得了长足进展。党的十六届三中全会通过《中共中央关于完善社会主义市场经济体制若干问题的决定》，提出了完善社会主义市场经济体制的目标和任务，以及深化经济体制改革的指导思想和原则。党的十六届四中全会指出，要加强对权力运行的制约和监督。党的十七届二中全会指出健全对行政权力的监督制度，充分发挥监察、审计等专门监督的作用。这一时期，为适应完善社会主义市场经济体制的要求，国家审计机关围绕加强对权力运行的制约和监督开展审计监督，同时也围绕自身建设，强化对审计权本身的监督制约，努力构建具有中国特色的社会主义审计制度体系。[1]

考虑到新形势对审计监督提出的新要求需要在《审计法》中加以体现、审计工作面临的客观环境与《审计法》制定之初相比发生了很大变化、审计实践中所取得的经验及创新成果需要以法律形式确定下来等因素，2006年2月，第十届全国人大常委会第二十次会议审议通过了修改后的《审计法》。《审计法》在实施11年后首次修正，这是我国审计事业发展进程中的一件大事，也为后来的审计工作提供了更完备的法律依据。[2]修改后的《审计法》在保持《审计法》（1994）基本框架和内容的基础上修改达34条之多，主要集中在健全审计监督机制、完善审计监督职责、加强审计监督手段、规范审计行为四个方面。随着2006年《审计法》的修正，审计署也在抓紧研究修订《审计法实施条例》，《审计法实施条例》（1997）的修订工作逐渐提上日程。2010年5

---

[1] 朱殿骅.新中国成立70年国家审计制度的演进历程与未来展望[J].西安财经大学学报，2020（2）：35.
[2] 《中国审计年鉴》编委会.中国审计年鉴（2007）[M].北京：中国时代经济出版社，2008：58.

月，修订后的《审计法实施条例》正式施行，它对进一步明确审计监督范围、厘清审计上下级关系以及处理审计法规与审计准则关系等问题有着卓越贡献。

这一时期《审计法》及《审计法实施条例》的修订与颁布实施，无疑是中国特色社会主义审计法律制度不断发展完善的重要标志。除此之外，这一时期审计法律制度的主要成果还体现在以下三个方面：其一，建立审计结果公告制度。阳光是最好的防腐剂，公开是对权力最好的监督。2002年，审计署印发了《审计署审计结果公告试行办法》和《审计署审计结果公告办理规定》，明确了除个别涉密项目或其他不宜对外公告的特殊情况以外，审计结果原则上都应当向全社会公告。其二，建立国家审计准则体系。囿于过去审计准则的体系化程度不高，2010年9月，审计署在整合相关审计规则（包括《中华人民共和国国家审计基本准则》）的基础上制定颁布了《中华人民共和国国家审计准则》(以下简称《国家审计准则》)，在结构和内容上都作出了重大突破。既体现出中国的审计特色，又与国际先进的审计经验相衔接。[①] 其三，完善经济责任审计。2010年10月，中共中央办公厅、国务院办公厅以1999年"两个暂行规定"为基础，制定颁布了《党政主要领导干部和国有企业领导人员经济责任审计规定》。该规定与行政法规具有同等的法律效力，具有较高的权威性。同时，由于该规定既与审计法律法规相衔接，又与干部选拔任用、考核评价、巡视、问责等干部管理监督的法规制度相衔接，因而也体现了审计监督与组织监督、纪检监督的统一性。与之相适应，这一时期全国各省级审计机关、400多个地市、近2000个县级审计机关建立了经济责任审计专职机构。[②] 此外，根据军队审计环境的变化，2020年经中央军委批准，中央军委办公厅印发《军队领导干部经济责任审计规定》，大大提升了军队审计法规制度的规

---

① 王彪华.国家审计准则变迁及其影响研究：一个理论解释[J].中央财经大学学报，2018（12）：54.
② 刘家义.中国特色社会主义审计制度研究[M].北京：商务印书馆，中国时代经济出版社，2016：36.

范化与体系化。①

二、十八大以后审计法立法思想的重大转变

法治以法制为基础，法治也是法制的升级版。同时，法治是国家治理体系现代化的基本载体，有助于国家治理实现善治。党的十八大以来，全面依法治国纳入"四个全面"战略布局。我国将依法治国提高至前所未有的高度并将之视为中国特色社会主义新时代的重大历史使命。为推进法治建设和伟大"变法"，近些年我国相继出台了数以百计的法治改革举措，对立法、执法、司法权力运行的制度化监督逐步收紧。在审计监督实践方面，党中央从推进国家治理体系和治理能力现代化、健全党和国家监督体系的高度，对加强审计工作、完善审计制度、改革审计管理体制等方面作出了一系列重大决策部署。②相应地，审计法立法思想自党的十八大以后亦发生重大转变，从党的十八大以来党中央重要文件涉及审计的相关论述中即可窥见一斑，如表1-1所示。

表1-1 十八大以来党中央重要文件关于审计工作的论述

序号	会议	时间	文件	相关内容
1	党的十八大	2012.11.8	《坚定不移沿着中国特色社会主义道路前进 为全面建成小康社会而奋斗》	推进权力运行公开化、规范化，完善党务公开、政务公开、司法公开和各领域办事公开制度，健全质询、问责、**经济责任审计**、引咎辞职、罢免等制度，加强党内监督、民主监督、法律监督、舆论监督，让人民监督权力，让权力在阳光下运行

---

① 需要特别说明的是，军队的审计法律制度从本质上讲，应是国家审计法律制度体系的一个重要组成部分，具有国家审计属性。但鉴于军队审计组织在国家组织机构上自成体系，与国家审计机关是两个平行、相互独立的系统，本书对其只作简单介绍，后文不作详细论述。

② 胡泽君. 努力开创新时代审计工作新局面：深入学习贯彻习近平总书记在中央审计委员会第一次会议上的重要讲话精神[J]. 求是, 2018 (13): 17.

第一章 ║ 审计法律制度变迁

（续表）

序号	会议	时间	文件	相关内容
2	党的十八届三中全会	2013.11.12	《中共中央关于全面深化改革若干重大问题的决定》	加强和改进对主要领导干部行使权力的制约和监督，加强行政监察和**审计监督**。健全严格的财务预算、核准和**审计制度**，着力控制"三公"经费支出和楼堂馆所建设。探索编制自然资源资产负债表，对领导干部实行**自然资源资产离任审计**
3	党的十八届四中全会	2014.10.23	《中共中央关于全面推进依法治国若干重大问题的决定》	强化对行政权力的制约和监督。加强党内监督、人大监督、民主监督、行政监督、司法监督、**审计监督**、社会监督、舆论监督制度建设，努力形成科学有效的权力运行制约和监督体系，增强监督合力和实效。**完善审计制度，保障依法独立行使审计监督权。对公共资金、国有资产、国有资源和领导干部履行经济责任情况实行审计全覆盖。强化上级审计机关对下级审计机关的领导。探索省以下地方审计机关人财物统一管理。推进审计职业化建设**
4	党的十八届五中全会	2015.10.29	《中共中央关于制定国民经济和社会发展第十三个五年规划的建议》	以市县级行政区为单元，建立由空间规划、用途管制、**领导干部自然资源资产离任审计**、差异化绩效考核等构成的空间治理体系
5	党的十八届六中全会	2016.10.27	《中国共产党党内监督条例》	各级党委应当支持和保证同级人大、政府、监察机关、司法机关等对国家机关及公职人员依法进行监督，人民政协依章程进行民主监督，**审计机关依法进行审计监督**。有关国家机关发现党的领导干部违反党规党纪、需要党组织处理的，应当及时向有关党组织报告。审计机关发现党的领导干部涉嫌违纪的问题线索，应当向同级党组织报告，必要时向上级党组织报告，并按照规定将问题线索移送相关纪律检查机关处理
6	党的十九大	2017.10.18	《决胜全面建成小康社会 夺取新时代中国特色社会主义伟大胜利》	**改革审计管理体制**，完善统计体制。构建党统一指挥、全面覆盖、权威高效的监督体系，把党内监督同国家机关监督、民主监督、司法监督、群众监督、舆论监督贯通起来，增强监督合力

021

（续表）

序号	会议	时间	文件	相关内容
7	党的十九届三中全会	2018.2.28	《中共中央关于深化党和国家机构改革的决定》	加强和优化党对深化改革、依法治国、经济、农业农村、纪检监察、组织、宣传思想文化、国家安全、政法、统战、民族宗教、教育、科技、网信、外交、**审计**等工作的领导。**构建统一高效审计监督体系，实现全覆盖**。完善机构编制同纪检监察机关和组织人事、审计等部门的协作联动机制，形成监督检查合力
8	党的十九届三中全会	2018.3.21	《深化党和国家机构改革方案》	组建中央审计委员会。为加强党中央对审计工作的领导，构建集中统一、全面覆盖、权威高效的审计监督体系，更好发挥审计监督作用，组建中央审计委员会，作为党中央决策议事协调机构。主要职责是，研究提出并组织实施在审计领域坚持党的领导、加强党的建设方针政策，审议审计监督重大政策和改革方案，审议年度中央预算执行和其他财政支出情况审计报告，审议决策审计监督其他重大事项等。中央审计委员会办公室设在审计署。优化审计署职责。改革审计管理体制，保障依法独立行使审计监督权，是健全党和国家监督体系的重要内容。为整合审计监督力量，减少职责交叉分散，避免重复检查和监督盲区，增强监督效能，将国家发展和改革委员会的重大项目稽察、财政部的中央预算执行情况和其他财政收支情况的监督检查、国务院国有资产监督管理委员会的国有企业领导干部经济责任审计和国有重点大型企业监事会的职责划入审计署，相应对派出审计监督力量进行整合优化，构建统一高效审计监督体系
9	党的十九届四中全会	2019.10.31	《中共中央关于坚持和完善中国特色社会主义制度 推进国家治理体系和治理能力现代化若干重大问题的决定》	开展领导干部自然资源资产离任审计。推进纪律监督、监察监督、派驻监督、巡视监督统筹衔接，健全人大监督、民主监督、行政监督、司法监督、群众监督、舆论监督制度，**发挥审计监督**、统计监督职能作用。以党内监督为主导，推动各类监督有机贯通、相互协调

除上述文件以外，党中央、国务院还先后印发了《关于完善审计制度若干重大问题的框架意见》（中办发〔2015〕58号）、《关于深化国有企业和国有资本审计监督的若干意见》（2016年）、《领导干部自然资源资产离任审计规定（试行）》（2017年），与此同时，习近平总书记在中央审计委员会第一、第二和第三次会议上的讲话，均有对完善审计制度、加强审计工作、保障依法独立行使审计监督权等作出总体部署和安排。总体上看，自党的十八大以来，审计进入全面发展的新阶段，党中央将审计监督作为权力制约和监督体系的重要一环，高度重视并充分发挥国家审计机关在权力制约和监督中的重要作用。党的十九大之后，党中央对审计工作作出根本性、方向性和全局性指示，要求改革审计管理体制，加强党对审计工作的领导，不仅指明了新时代审计事业的前进方向，也对审计法治产生了重大影响。一言以蔽之，党的十八大以来的审计法立法宗旨，要求以习近平新时代中国特色社会主义思想为指导，紧紧围绕统筹推进"五位一体"总体布局和协调推进"四个全面"战略布局，加强党对审计工作的领导，着力构建集中统一、全面覆盖、高效权威的审计监督体系，更好发挥审计监督作用。

中国特色社会主义审计制度是中国特色社会主义制度的重要组成部分，随着十八大中国特色社会主义进入新时代，中国特色社会主义审计事业也进入了新的时代。[①] 新时代下国家审计处在最好的发展时期，但面临更多的挑战和机遇。审计法律制度也面临着"中国特色"的新时代，需要服务于新时代背景下经济的"高质量发展"和"新常态"。这一时期，审计法律制度发展的内涵主要体现为以下几个方面，这也是《审计法》的完善工作需要重点关注的领域。

第一，审计管理体制进入"党的领导顶层设计"的新路径。国家审计财政监督职能的有效发挥不仅取决于审计机关自身强大的监督能力，还需要良好的政治体制的支

---

① 孙宝厚. 关于新时代中国特色社会主义国家审计若干问题的思考[J]. 审计研究，2018（4）：5.

撑。为了防止审计监督主体与审计监督对象之间因为经济利益的强关联性而弱化监督的有效性，审计工作需要得到制度性保障，因此，国家审计的效果将直接取决于审计管理体制的合理性与适当性程度。深化改革审计管理体制不仅是自近代以来中国审计制度现代化的基础命题，更是新时代构建起严密、完整的审计监督机制的关键环节。例如，党的十九大、十九届三中全会、中央审计委员会第一次会议均有关于改革审计管理体制的重要论述。在这一意义上，加强党对审计工作的领导，巩固和深化审计管理体制改革成果，是新时代中国特色社会主义审计法律制度的重要完善方向。

第二，审计职能定位为融入"国家治理"的新框架。我国经济发展进入新时代，由高速增长阶段转向高质量发展阶段，国家治理的主体也不再局限于政府组织，开始变得日益多元化，各种经济成分相互融合交织成庞杂的利益网络。由此，大量私人部门逐渐参与国家治理并承担起相应的公共责任，"公私"之间亦构建起庞杂的利益关系网。新的社会形势下国家审计所面临的经济活动越来越复杂，为了高质量地适应新形势、新要求，使审计制度涵盖国家治理进程中由决策到实施的各个具体环节，新时代的中国特色审计法律制度需要重新定位国家审计功能以推进国家治理现代化。需要强调的是，国家治理的本质是限制权力和保障权利，因而国家审计不仅要以权力制约权力，更要充分保障人民权利与公共利益。一个典型的例子就是，《审计法》（2021）中增加了对地方性非国有金融机构、除政府投资建设项目外的其他重大公共工程项目（如体育场馆、影剧院、大型游乐设施）进行审计监督的规定。[1]可以说，国家审计是为满足国家治理的客观需要而产生和发展的，新时代背景下审计法律制度唯有服务于国家治理，方为正途，也才能为国家的长治久安提供保障。

第三，审计监督对象面临"审计全覆盖"的新要求。从应然层面上讲，"党中央重

---

[1]《审计法》（2021）第22条、第23条。

大政策措施部署到哪里、国家利益延伸到哪里、公共资金运用到哪里、公权力行使到哪里，审计监督就跟进到哪里"。① 不难看出，审计全面覆盖是我国审计制度发展到一定阶段时国家治理对审计的必然要求。② 为了尽可能实现"应审尽审"，以及充分保障审计监督权能够有效渗透审计监督体系所覆盖的全部，客观上要求国家审计的边界根据现实情况的变化及时作出相应的动态调整，即逐步向外延伸，最终实现审计监督的全面覆盖。正是基于此，党的十八届四中全会正式提出了"对公共资金、国有资产、国有资源和领导干部履行经济责任情况实行审计全覆盖"的顶层理念，进一步明确审计监督范围的扩展方向。可喜的是，目前的《审计法》已经贯彻落实党的全会文件以及《关于完善审计制度若干重大问题的框架意见》《关于实行审计全覆盖的实施意见》等政策性文件中有关"审计全覆盖"的具体要求，扩展了审计监督的范围。

第三节　审计法律制度变迁的规律遵循

一、审计法律制度体系的梳理

审计法律制度由审计法律规范构成，是指审计监督制度建立的法律依据和国家审计机关及其审计人员在审计工作过程中应当遵循的各种审计法规、制度、准则等的总称。③ 目前，我国已经形成以《宪法》为核心，以《审计法》和《审计法实施条例》为重要组成部分，其他相关法律法规共同发挥作用的审计法律制度体系，具体包括《宪法》、审计基本法律、审计行政法规、审计地方性法规、审计规章和审计规范性文件六个层次。需要说明的是，从广义上讲，审计法治体系不仅包括国家法律，还应包括党

---

① 《"十四五"国家审计工作发展规划》。
② 李明辉. 审计监督全面覆盖：涵义与实现路径［J］. 南通大学学报（社会科学版），2020（6）：81.
③ 李冬辉. 政府审计［M］. 北京：中国铁道出版社，2017：27.

内法规，典型的有《党政主要领导干部和国有企事业单位主要领导人员经济责任审计规定》《领导干部自然资源资产离任审计规定（试行）》等。虽然国家审计的党内法规并不属于《宪法》和法律的范畴，但仍然是对《宪法》和法律内容的具体化，因此同样发挥着不可替代的重要作用。①

（一）《宪法》中关于国家审计的规定

《宪法》是我国的根本法，规定了国家生活中的根本问题，如政治和经济制度、基本国策、公民基本权利和义务、国家机构设置和职权等，是制定其他法律规范的依据和基础。任何法律都必须以《宪法》为基础，不得与之相抵触，审计法律制度亦是如此。1982年《宪法》明确规定建立国家审计监督制度。之后，《宪法》虽然经过了1988年、1993年、1999年、2004年和2018年修正，但是关于审计监督制度的内容一直保持不变。我国现行《宪法》中关于国家审计的规定包括第62条、第63条、第67条、第80条、第86条、第91条和第109条，共计七个条款。这些条款确立了审计监督的基本法律制度，对审计监督的基本原则和体制机制等问题作出了明确规定。

首先，《宪法》中有两个条款专门规定了国家审计制度。《宪法》第91条第1款规定："国务院设立审计机关，对国务院各部门和地方各级政府的财政收支，对国家的财政金融机构和企业事业组织的财务收支，进行审计监督。"② 该条第2款规定："审计机关在国务院总理领导下，依照法律规定独立行使审计监督权，不受其他行政机关、社

---

① 例如，《党政主要领导干部和国有企业领导人员经济责任审计规定》（2010年失效）曾经对经济责任审计工作的开展，包括对内部审计机构开展经济责任审计，起到了很大的推动作用。参见孙宝厚．两办《规定》解读：在中国内部审计协会贯彻《党政主要领导干部和国有企业领导人员经济责任审计规定》座谈会上的讲话[J]．中国内部审计，2011（1）：5．

② 显而易见，国务院要设立哪些部和委员会，地方政府要设立哪些工作部门，《宪法》没有明确规定。但审计机关的设立，《宪法》则有着明确规定，即国务院和地方政府必须设立审计机关。

会团体和个人的干涉。"①《宪法》第 109 条规定:"县级以上的地方各级人民政府设立审计机关。地方各级审计机关依照法律规定独立行使审计监督权,对本级人民政府和上一级审计机关负责。"②据此,国家审计制度作为国家的基本制度获得了宪法确认,中央和地方审计机关获得了宪法地位。

其次,《宪法》中还有关于审计机关行政首长地位和任免的相关规定。《宪法》第 62 条规定:"全国人民代表大会行使下列职权:……(五)根据中华人民共和国主席的提名,决定国务院总理的人选;根据国务院总理的提名,决定国务院副总理、国务委员、各部部长、各委员会主任、审计长、秘书长的人选;……"《宪法》第 63 条规定:"全国人民代表大会有权罢免下列人员:……(二)国务院总理、副总理、国务委员、各部部长、各委员会主任、审计长、秘书长;……"《宪法》第 67 条规定:"全国人民代表大会常务委员会行使下列职权:……(九)在全国人民代表大会闭会期间,根据国务院总理的提名,决定部长、委员会主任、审计长、秘书长的人选;……"《宪法》第 80 条规定:"中华人民共和国主席根据全国人民代表大会的决定和全国人民代表大会常务委员会的决定,公布法律,任免……审计长……"《宪法》第 86 条规定:"国务院由下列人员组成:……审计长……"

(二)审计基本法律

审计基本法律包括《审计法》和与审计有关的其他法律两大类,具言之:

---

① 就这一条款而言,从审计的独立性来看,审计机关有其特殊性,即审计署是在国务院总理的直接领导下,独立行使审计监督权。

② 这一条款说明,地方审计机关是在本级政府行政首长(正职)和上级审计机关的领导下开展审计工作的,属于双重领导体制。另外,需要特别强调的是,很多人在提到审计机关时经常用"审计部门",其实严格来说,"审计机关"这一表述相对更为合理。原因是:一方面,《宪法》此条已明确规定国务院和地方政府设立的是"审计机关";另一方面,虽然审计机关是国务院和地方政府的组成部门,但由于其本身所具有的宪法地位,而且具有高度独立性,因而又与普通政府组成部门存在一定不同。

《审计法》是调整和规范审计监督活动的基本法，集中体现和反映了国家、社会对审计监督制度的根本要求。作为我国专门规定审计监督的基本法律，《审计法》是审计机关行使审计监督权力以及开展审计监督活动最直接的法律依据，在整个审计法律制度体系中具有较高地位。《审计法》根据《宪法》制定，《审计法》（2021）实施于2022年，共7章60条，对我国审计监督的基本原则、审计机关和审计人员、审计机关职责、审计机关权限、审计程序和法律责任等国家审计的基本内容进行了全面、翔实的规定。

与审计有关的其他法律主要指的是由全国人大及其常委会颁布的对审计监督问题作出相关规定的法律。进一步而言，这类审计基本法律又可以划分为两种：一是有关财经的法律，诸如《中华人民共和国预算法》（以下简称《预算法》，第77条、第89条等）、《中华人民共和国会计法》（第33条）、《中华人民共和国税收征收管理法》（第53条）、《中华人民共和国中国人民银行法》（第40条）、《中华人民共和国海关法》（第76条）等，明确规定了审计机关在相关领域的审计监督活动，以及针对被审计单位违法行为的处理处罚。二是有关行政监督管理的法律。审计机关本身属于国家行政机关，其所开展的审计监督活动亦为国家行政行为。因此，审计机关行使审计监督权也应当遵守《中华人民共和国行政处罚法》（以下简称《行政处罚法》）、《中华人民共和国行政复议法》（以下简称《行政复议法》）、《中华人民共和国行政诉讼法》（以下简称《行政诉讼法》）、《中华人民共和国国家赔偿法》《中华人民共和国行政许可法》等规范国家行政机关行为的法律。

（三）审计行政法规

审计行政法规，是指最高行政机关即国务院为领导和管理国家审计监督工作，依据《宪法》《审计法》及《中华人民共和国立法法》（以下简称《立法法》）等有关法律制定的在全国范围内具有普遍约束力的规范性文件。为了贯彻执行审计基本法律，国务院颁布了大量的审计行政法规，如1988年制定的《审计条例》（现已废止）。作为审计法律的下位法，审计行政法规体现的是国务院管理审计工作的意志，由于其灵活性，故相比于审计法律拥有不可替代的地位。我国现行审计法律制度体系中的行政法规主要有：(1)《审计法实施条例》。它将《审计法》的相关规定具体化，使之更具可操作性和可执行性，是国家审计最基本的行政法规。(2)《中央预算执行情况审计监督暂行办法》。为了适应《审计法》中关于做好对中央预算执行和其他财政收支的审计监督工作的需要，该法律文件于1995年发布并开始实施。(3)《财政违法行为处罚处分条例》。这是为了纠正财政违法行为而专门制定的财政监督法规，其明确了审计机关财政执法主体的地位，并赋予执法主体相应的执法手段和措施，是审计机关财政行政执法的重要法规依据。

（四）审计地方性法规

审计地方性法规，是指在不与宪法、法律、行政法规相抵触的前提下，地方（省、自治区、直辖市及较大的市）人大及其常委会根据本地区的具体情况和实际需要制定的在本行政区域内适用的有关审计监督的法规，是对审计法律、审计行政法规的补充，也是国家审计立法的延伸和完善。[①] 为了将《审计法》《审计法实施条例》等法律法规及国家有关审计监督的规定进一步地方化、具体化，维护地方财政经济秩序、促进地方审计事业发展，各地方人大及其常委会从当地经济社会发展实际出发，制定了大量审计地方性法规，如《重庆市审计监督条例》《浙江省审计条例》《河南省政府投资建设项目审计条例》等。这些地方性的审计法规有的不再只是简单重复上位法的规定，

---

① 关于地方人大及其常委会制定地方性法规权限的具体规定，可参见《中华人民共和国地方各级人民代表大会和地方各级人民政府组织法》（以下简称《地方组织法》）第10条和《立法法》第72条。

而是有效结合本地鲜明的立法导向和规范要求，注重经验立法、超前立法，有利于解决区域内审计的具体问题。另外，民族自治地区权力机关制定的与审计工作有关的民族自治条例和单行条例虽然不属于地方性审计法规的范畴，但效力范围都仅限于本行政区域，因而也具有"地方性"。

（五）审计规章

审计规章包括审计部门规章和审计地方政府规章，前者的制定主体主要是审计署，后者的制定主体是地方人民政府，[①]两类审计规章都是审计立法的一种重要形式，但均不得与审计上位法相抵触。作为国务院的重要组成部门，审计署在国务院总理领导下主管全国的审计工作，有权就国家审计工作制定审计部门规章。现行的审计部门规章有：《国家审计准则》《审计机关封存资料资产规定》《审计机关审计听证的规定》等。这些部门规章占据了审计立法总量的大部分，突出了审计署作为国家行政系统内部最高级别的专门性行政监督机关对法律意志的执行功能，是构成国家审计制度改革的一种重要形式和推动力量。另外，为了充分执行审计上位法的细则性规定，地方（省、自治区、直辖市及较大的市）人民政府有权依法根据地方政府规章制定程序制定发布审计地方政府规章，如《云南省预算执行情况审计监督规定》《上海市市级政府投资项目审计监督办法》等。值得一提的是，鉴于地方政府在本行政区域内经常性处于经济和社会管理的第一线，和地方人大及其常委会相比，对地方性审计事务的了解和把握可能更具有优势和条件。因此可以说，在审计地方立法中，不宜简单从法的位阶高低出发来衡量审计地方政府规章和审计地方性法规。

[①] 关于地方人民政府制定地方政府规章权限的具体规定，可参见《地方组织法》第74条和《立法法》第82条。

（六）审计规范性文件

面对审计事务的多变复杂，由于立法的滞后性，审计法律、法规甚至规章并不能总是及时回应、满足审计实践的需要，因而大量的审计规范性文件得以产生，其主要指的是相关行政机关在法定权限内制定的适用于国家审计的决定、命令。从严格意义上讲，审计规范性文件并不属于审计法律的渊源，并且在《立法法》中也没有相应的规定。然而，其在法律实践中对审计主体权力和义务所产生的影响不容忽视，亦发挥着不可或缺的重要作用。典型的有：《关于完善审计制度若干重大问题的框架意见》《国务院关于加强审计工作的意见》《关于实行审计全覆盖的实施意见》《关于进一步规范经济责任审计工作有关事项的通知》。这些法律文件是对审计上位法的细化和补充，有助于完善经济责任审计制度、加强对主要领导干部和领导班子的管理监督、推进党风廉政建设等，亦是审计机关开展审计监督工作的重要依据。

二、审计法律制度变迁的逻辑展开——以《审计法》修改为例

七十余年来的审计法治发展史告诉我们，以"受托责任履行—法律赋权监督"为轴线结构建起的审计法治叙事演化本质上是一种回应性变迁，每一部审计法律的颁布都是为了满足审计现实的需要，这也是作为上层建筑的法律必须适应经济基础的根本体现。在历史和现实中，法律实践与国家实践都是紧密相连的，两者一定程度上互为内容和形式，具体到国家审计，甚至于审计法律实践就是国家审计实践。[1] 也就是说，审计立法之所以需要与时俱进，紧密结合经济发展和社会需求，乃是审计实践使然。但应当看到，当经济社会进入一个新的发展阶段，审计法律固有的滞后性就会表现出来且愈发严重。相应地，国家对审计法律变革的需求也会越来越强烈，这种强烈感会一直持续到对

---

[1] 李季泽.国家审计的法理[M].北京：中国时代经济出版社，2004：117.

该法律进行修订或完善之时。如此周而复始，这即是审计法律制度变迁的一个基本规律或特色，2006年和2021年对《审计法》的修正都是遵循了这样的规律。

2006年，为了完善审计监督制度，加大审计监督力度，进一步维护国家财政经济秩序，全国人大常委会对《审计法》（1994）进行了修正，这是《审计法》通过施行以来的第一次修正。此次修正本着与《宪法》和其他法律的规定相统一，与坚持依法行政、建设法治政府的要求相一致，与社会经济和审计工作的发展相适应，与国际审计的通行做法相衔接，与时俱进与保持稳定相结合的指导思想。从内容上看，修改部分达三十多项，主要集中在健全审计监督机制、完善审计监督职责、加强审计监督手段、规范审计监督行为四个方面，以使《审计法》更符合社会主义经济发展需要。事实上，《审计法》（2006）施行十几年以后，我国审计环境业已发生翻天覆地的变化，国家审计制度也在实践中进行了多次改革与调整。但无论是审计功能、审计范围还是审计体制等，相关改革成果都没有及时在《审计法》（2006）中得到体现，由此一定程度上暴露出《审计法》（2006）与审计现实严重脱节的事实。在中国特色审计法律规范体系框架已经基本建立、新时代国家审计监督需要符合国家治理需要的新背景下，《审计法》（2006）似乎"年久失修"，其中一些陈旧的条款与国家治理现代化要求相比，尚有一定差距，不利于审计监督真正发挥效用和审计事业的长足发展，因而亟待启动新一轮修改。

2021年，《审计法》的修正工作再次提上日程。此次修改是距《审计法》（1994）颁布以来的第二次修改，为强化审计监督、完善审计制度提供了法治保障。此次《审计法》修改的总体思路主要体现在以下三个方面：其一，强化党对审计工作的直接领导。《审计法》（2021）不仅明确了审计监督是中国共产党领导下的国家监督体系的关键一环，而且明确了党领导下的审计监督制度的体系化建设方向，极大提升了审计工作的政治站位，凸显国家审计的政治属性和政治功能。其二，坚持权责相符，完善审计监督职能的同时也规范了审计监督行为。《审计法》（2021）扩大了审计监督职权和审计监督范围，大大提升了审计监督的效能。而且，强化了对审计机关本身的监督制约，规范了审计权力运行，有利于提高依法依规审计的能力。其三，深入推进审计问题整改，以做好审计"后半篇文章"。审计整改责任追究在《审计法》（2021）中得到进一步明确，这是维护审计监督权威的重要保障，提升了审计结果运用的高度。总而言之，第二次修正的《审计法》立足于新实践且适应新时代，在维护国家财政经济秩序、促进经济社会健康发展等方面发挥着极大的作用，是对《审计法》（2006）的全面升华。可以预见，《审计法》（2021）必然会对审计法治建设产生重要而积极的推动作用，助力国家善治目标的实现。

三、"部门"与"地区"的多样性呈现

审计法治是我国监督法律体系的关键一环，"它既包括审计人员依法审计的水平、状态、环境和效果，也包括立法、执法、守法、法律实施和法律监督的全过程"。[1] 这在一定程度上说明了审计法治领域治理手段的多元化及治理范域的广泛性。伴随着国家治理方式的全面法治化，审计监督领域在不断拓展、审计项目在不断增加，这使得审计法律体系呈现出多样性的特点。这种多样性主要体现在"部门"与"地区"两个方面，也即通过审计部门规章、审计地方性法规和地方政府规章来体现。

（一）审计部门规章所具有的多样性

前文已述，审计部门规章是对《审计法》在某一个方面规定的进一步细化。审计部门规章本质上属于行政立法的范畴，其多样性有利于形成合理有序、层次分明的审计法律体系，主要表现为主体的多样性和内容的多样性。

---

[1] 王龙飞，刘文. 国家审计法治建设初探［J］. 现代审计与经济，2014（6）：16.

第一,主体的多样性。审计部门规章的颁布主体一般包括审计署和具有行政管理职能的其他部门。其中,审计署作为现行《宪法》及法律规定的专门的监督机构,负责统筹社会经济监督工作,是制定审计部门规章最重要的主体。[1]例如,为了指导审计业务、保证审计质量、防范审计风险,审计署制定了《国家审计准则》;为了规范审计人员运用审计重要性、评估审计风险的行为,审计署审计长会议通过了《审计机关审计重要性与审计风险评价准则》。当然,其他部门也可以制定与本部门行政管理工作相关的审计部门规章,常见于内部审计领域。[2]例如,为了加强教育系统内部审计工作、推动教育事业科学发展,教育部制定了《教育系统内部审计工作规定》;为了加强对国有资产监督管理委员会(以下简称国资委)履行出资人职责企业的内部监督和风险控制,国资委制定了《中央企业内部审计管理暂行办法》。此外,审计部门规章的颁布主体也可以由多个部门共同组成,一般采取的是审计署和其他部门联合发布的形式,由审计署牵头。例如,为了规范审计档案管理并维护审计档案的完整与安全,审计署与国家档案局联合制定了《审计机关审计档案管理规定》。

第二,内容的多样性。按照内容划分,审计部门规章分为四大类:审计准则类、审计项目类、审计管理类和审计督导类。[3]审计准则类规章是对审计机关及审计人员应当具备的资格条件和职业要求的规定,譬如《国家审计准则》。审计项目类规章是对审计机关开展业务审计的具体规定,通常包括行政经费、事业经费、社会保障基金、社会捐赠资金、国家建设项目、国外贷援款项目等方面的内容。审计管理类规章是对审计机关在行政管理尤其是行使审计监督权过程中的规定。例如,对审计过程及行为进

---

[1] 杨肃昌. 对"优化审计署职责"重要意义的认识[J]. 审计观察, 2018(2): 9.
[2] 严格来说,内部审计与国家审计是并列而非包含关系,但有学者主张,我国当前的国家审计可以看作政府系统的"内部审计"。因此,内部审计的某些思路和做法对我国的国家审计具有重要借鉴意义,也是国家审计发展无法忽略的一个支撑点。参见刘力云. 论内部审计对我国国家审计的借鉴意义[J]. 中国审计, 2002(12): 69.
[3] 曹刚峰. 我国政府审计法规体系的构成[J]. 郑州航空工业管理学院学报, 2004(6): 51–52.

行管理的规章有《审计机关封存资料资产规定》，对审计复议应诉进行管理的规章有《审计机关审计听证规定》，对审计信息及档案进行管理的规章有《审计机关审计信息工作的规定》《审计机关公文处理的规定》等。审计督导类规章则是对审计机关涉及其他行业或领域的监督和指导的规定。

（二）审计地方性法规和地方政府规章所具有的多样性

审计地方性法规和地方政府规章代表着地方权力与本地实际情况的结合，数量庞大且内容繁杂，因此，往往呈现出"因地制宜"的多样性发展特点。

第一，地方性法规的多样性。我国审计法律规范的制定总体上依循着"宜粗不宜细"的风格，这种指导思想下的审计立法具有原则性、稳定性的特征，但显然无法包罗万象、应付万变。于是，一旦面对一些复杂多变的审计关系时，审计立法机关的立法就显得僵硬与滞后。而审计地方性法规的职能之一就是将法律规范的规定予以具体化，以更加适合地方审计工作的特点和要求。可以说，审计地方性法规虽然处于我国审计法律位阶的底端，但是对地方审计事务具有广泛影响。也因此，一些地方的人大及其常委会在坚持"不抵触"原则的前提下，立足于本地经济和社会发展的需要，制定了对审计法律规范起到良好补充作用的审计地方性法规。例如，海南省人大常委会颁布的《海南省审计监督条例》。这是海南省制定的第一部审计地方性法规，它结合了海南省审计工作的发展情况，明确了对生态建设、环境保护和污染防治等环保活动的审计监督，并突出强调了绩效审计。又如，河北省人大常委会颁布的《河北省国家建设项目审计条例》。这是河北省结合本地实际，为了加强对省内政府投资、其他国有资产投资为主的建设项目的审计监督而制定的专门针对国家建设项目的审计地方性法规。

第二，地方政府规章的多样性。尽管地方性法规和地方政府规章构成了一般意义上的地方立法的概念，但地方政府规章往往比地方性法规更加具体化且更具可操作性，因此更具有显著的地方性特点。① 在地方政府被赋予更多自主权（地方立法权限）的大背景下，审计地方政府规章在地方审计立法有序开展的优良环境中经历了较大的发展，使审计监督更加有法可依。与此同时，审计地方政府规章也在不断契合审计法律体系多样性的要求，在地方审计立法中起着举足轻重的作用。故而，许多地方政府根据本行政区域内的治理需求并充分发挥地方特色优势，制定了可操作性强且行之有效的审计地方政府规章。例如，为了加强对农村集体经济的审计监督，保护农村集体经济组织及其成员的合法权益，促进农村经济发展，浙江省人民政府发布了《浙江省农村集体经济审计办法》；重庆市人民政府为了加强和规范公共投资建设项目的审计监督，提高公共投资建设项目质量和成效发布的《重庆市公共投资建设项目审计办法》，则给全市审计机关依法开展公共投资建设项目审计提供了重要的法律支撑。

四、审计法与其他法律的关系及其协调

审计法作为调整审计关系的一系列法律规范的总称，除了有广义与狭义之分，还有宏观、中观和微观三个层面的理解：从宏观层面看，审计法是指与国家审计有关的法律法规，范围十分宽泛，包括宪法、行政法等；从中观层面看，审计法专指明确规范审计权力运行的审计法律法规，即以《审计法》为核心，以《审计法实施条例》《国家审计准则》等为补充的国家审计法律制度体系；微观层面的审计法则指的是《审计法》这部特定的法律规范。② 诚然，审计法本身是自成体系的法律之学，亦有逻辑自洽的法理。但其往往又横跨公法、私法两大领域，与宪法、行政法、经济法、民法、刑

---

① 虽然地方性法规的权限要大于地方政府规章，但值得注意的是，两者之间具有立法共享的空间。因为根据《立法法》第 82 条的规定，应当制定地方性法规但条件不成熟的，因行政管理迫切需要，可以先制定地方政府规章。由此可见，审计地方政府规章可能更有利于审计制度改革之急需。具体参见刘松山. 地方性法规与政府规章的权限界分 [J]. 中国法律评论，2015（4）：82.

② 如无特别说明，宏观层面的审计法不在本书的讨论范围中，本书仅从中观和微观两个层面对审计法进行理解：中观层面的审计法泛指国家审计法律制度；微观层面的《审计法》特指《中华人民共和国审计法》。

法等多个法律部门存在密切联系。因此可以这样说，审计法与其他法律实际上共同形成了一个系统工程，也只有依靠这种系统完备、成熟定型的法律体系，才能为审计法的立法与实施提供保障作用，进一步推动民主法治的进程。[①] 对于体系庞大的审计法而言，我们必须将其置放到整个法律体系中去审视，并厘清它与其他法律之间的关系，处理好它与其他法律的衔接协调问题。这有利于促进审计法与其他法律的良性互动，对修改和完善审计法本身也具有十分重要的作用。否则，审计法可能出现与其他法律相互冲突、相关配套法律法规滞后以及上位法与下位法的重述化等问题。

（一）审计法与宪法的衔接

宪法作为我国的根本法，是包括审计法在内其他一切法律法规赖以产生、存在、发展和变更的基础。审计法与宪法显然是下位法与上位法的关系，受到宪法的约束和指导。宪法将审计监督确立为国家制度中的一个基本组成部分，奠定了我国审计监督制度的基本框架，为审计法提供了直接的立法基础和依据。[②] 具体来说，基于《宪法》条文，《审计法》对审计监督制度作出了更为细化精确的规定，其第1条立法宗旨中的"根据宪法，制定本法"，不仅清晰表明了审计立法权的宪法来源，而且表明《审计法》与《宪法》在内容上的直接关联性。

事实上，根据上位法与下位法相互衔接配合的原则，《审计法》理应对《宪法》的有关内容进行进一步细化，以落实《宪法》顶层设计的精神。但是，通过对比《宪法》与《审计法》中的某些规定，可以发现两者在表述上相似度极高，如表1-2所示。例如，《宪法》第91条第2款和《审计法》第5条均采用了"审计机关（在国务院总理领导下）依照法律规定独立行使审计监督权，不受其他行政机关、社会团体和个人的

[①] 赵溢鑫. 国家审计推动民主法治现代化建设路径研究[J]. 财政监督，2021（12）：76.
[②] 胡智强，王艳丽，胡贵安. 审计法学[M]. 北京：中国财政经济出版社，2012：25.

干涉"的表述。又如,《宪法》第91条、第109条的某些表述与《审计法》第2条具有高度重合性。这会出现下位法简单重复上位法的问题,进而产生两个不利影响:一方面,造成立法资源浪费。《审计法》应该结合《宪法》的原则性条文和经济社会的实际情况制定更加具有针对性和可操作性的规定,上述这种在"大而全"的立法思路和"宜粗不宜细"的立法技术下作出的重复规定,显然与下位法"具体化"的任务目标相左,有悖于立法资源合理利用的原则。另一方面,造成《宪法》委托虚置。国家公权力是《宪法》所调整的法律关系的一个重要方面,但由于《宪法》不可能面面俱到,因而国家往往会采用"宪法委托"的方式将一些事项交由立法机关规定。《审计法》中"审计机关依照法律规定独立行使审计监督权"的规定即是如此。但立法机关立法的重述化在本质上属于虚置宪法委托,可能会造成立法不作为。可见,面对《宪法》已经搭建起来的审计监督制度的基本框架,《审计法》的承接水平还有待进一步提升。立法机关应切实履行《宪法》委托责任,坚持上位法对下位法的指导作用和下位法对上位法的精神落实,实现从宪法规范原则化到审计法规范具体化的有序过渡。

表1-2 《宪法》与《审计法》的部分规定对比

《宪法》	《审计法》
第91条: 国务院设立审计机关,对国务院各部门和地方各级政府的财政收支,对国家的财政金融机构和企业事业组织的财务收支,进行审计监督。 审计机关在国务院总理领导下,依照法律规定独立行使审计监督权,不受其他行政机关、社会团体和个人的干涉	第5条: 审计机关依照法律规定独立行使审计监督权,不受其他行政机关、社会团体和个人的干涉

（续表）

《宪法》	《审计法》
第109条： **县级以上的地方各级人民政府设立审计机关**。地方各级审计机关依照法律规定独立行使审计监督权，对本级人民政府和上一级审计机关负责	第2条： 国家实行审计监督制度。坚持中国共产党对审计工作的领导，构建集中统一、全面覆盖、权威高效的审计监督体系。 **国务院和县级以上地方人民政府设立审计机关。** **国务院各部门和地方各级人民政府及其各部门的财政收支，国有的金融机构和企业事业组织的财务收支**，以及其他依照本法规定应当接受审计的财政收支、财务收支，依照本法规定接受审计监督。 审计机关对前款所列财政收支或者财务收支的真实、合法和效益，**依法进行审计监督**

（二）审计法与行政法的衔接

只要有权力存在或涉及的领域，监督就是一个永恒的话题，对权力的监督往往需要依靠具有强有力震慑作用的行政监督，[1]而我国审计机关的监督活动即属于此类。虽然有研究将国家审计视为除立法、行政、司法权力以外的"第四种权力"，[2]但审计监督权在运行方式和救济方式上与其他行政权并没有本质区别，将其纳入行政权力范畴并无不妥。从这一意义上理解，我国审计法属于行政法范畴，是一种行政监督法，行使审计监督权的行为本身亦属于行政行为。因此，行使审计监督权需要受到行政法的制约与监督。行政法为审计工作的顺利开展提供了必不可少的法律依据，审计工作人员在行使审计监督权时，在内容和程序上不仅要符合审计法的要求，还要符合行政法的有关规定。

审计法与行政法的衔接同样有待加强，问题主要体现在审计处罚权的依据这方面。审计处罚是指审计机关依法对违反审计管理的行为采取的惩罚制裁措施，其主要依据

---

[1] 沈荣华. 现代行政法学 [M]. 天津：天津大学出版社，2003：293.
[2] 齐兴利，刘何斌. 审计法学研究会首届学术研讨会综述 [J]. 南京审计学院学报，2015（5）：108.

为《审计法》和《审计法实施条例》。实际上，其中"依照法律、行政法规的规定"[1]这样泛化的表述仅仅是在形式上赋予了审计机关审计处罚权，并将其视为一种行政权力加以法律化。但是，在审计机关作出具体的处理处罚决定时并不能直接适用该条款，还需要进一步援引所依照的其他法律、行政法规中的具体处罚规定。在这种情况下，审计机关的处理处罚权与其他行政处罚权的界限模糊，实践中也经常出现审计机关作出的处理处罚决定没有依据、依据不明确、法律适用混乱或超越职权适用法律等情形。从另一个角度来看，审计机关如果需要依据其他法律法规中的处罚授权来作出审计处罚，就意味着其对许多查出的违法问题不具有处罚权。[2]例如，《中华人民共和国商业银行法》第八章法律责任中有多处条款规定，当商业银行有相应违法情形时（如违反规定提高或者降低利率、提供虚假的或者隐瞒重要事实的财务会计报告等），由国务院银行业监督管理机构或者中国人民银行进行处理处罚。这就意味着，针对出现特定违法情形的商业银行，作出相关处理处罚决定的执法主体已十分明确。在这种情况下，如果审计机关通过审计发现此类问题并直接进行处理处罚便有越权之虞，换言之，审计机关的执法主体资格还值得商榷。深究之，审计法与行政法的衔接不畅会使得审计处理处罚的权限受到限制，让"依法审计"面临困境，极大削弱审计监督的威慑性。因此，为强化审计监督效果，应进一步厘清审计法与行政法的关系，明确审计机关直接处罚的主体资格，促进处理处罚权与审计监督权"两权"的衔接协调。

（三）审计法与经济法的衔接

国家审计通过审查和评价，对被审计单位的经济活动进行监督和鉴证，维护社会主义经济秩序并保障国民经济健康发展，体现出一种"干预"作用，这也是审计法维

---

[1] 如《审计法》第49条、《审计法实施条例》第48条。
[2] 胡耘通.依法治国背景下政府审计处罚制度探究［J］.中国软科学，2018（5）：11.

护社会公共利益的体现。而经济法是国家为了克服市场调节的盲目性和局限性而制定的调整全局性的、社会公共性的、需要由国家干预的经济关系的法律规范的总称，核心措辞在于"国家干预"，当然也有诸如"协调""规制""调节""规整"等说法，但核心思想是一致的，即以国家干预为基本手段实现保护社会公共利益之价值目标。[①] 从这一意义上讲，我国的国家审计制度在法治建设中具有较强的干预和矫正功能，凸显出鲜明的现代经济法的特征，与经济法有着共同的理论内核。也正因为如此，有不少学者认为审计法本身即属于经济法的范畴。[②] 审计监督权所具有的各种功能，使其成为国家干预过程中不得不"借力"的重要手段。现实地讲，审计法与经济法尤其是预算法、会计法、公司法之间存在密切的关系。例如，从预算法的角度来说，财政预算执行审计本身就是国家审计工作的重要内容。2014年修正的《预算法》更加强调了预算的严肃性和权威性，提出了"跨年度预算平衡机制"[③]，且更关注预算绩效。这使得审计人员在开展预算执行审计时更加注重预算单位财政预算执行的合理性与平衡性，以及财政预算资金的使用效益。此外，随着2021年《中华人民共和国个人信息保护法》（以下简称《个人信息保护法》）的出台，在大数据时代下愈发强调对个人信息的公法保护。也正是基于这个缘由，《审计法》强化了审计机关及其工作人员对商业秘密、个人隐私等相关信息的保护义务。

（四）审计法与民法的衔接

民事法律调整平等主体间的各种社会关系，主要解决私主体之间的利益平衡问题，属于私法范畴，与属于公法范畴的审计法相比，两者之间存在根本性的区别。目前来

---

① 李昌麒. 经济法学（第三版）[M]. 北京：法律出版社，2016：39.
② 杨峥嵘，黄静. 经济法概论[M]. 北京：对外经济贸易大学出版社，2015：211.
③ 2014年修正的《预算法》第12条。

说，国家审计的对象主要包括国家机关、国有事业组织、国有资本占控股地位或者主导地位的企业与金融机构、政府投资和以政府投资为主的建设项目等，亦即，一般不涉及非国有部门（民营企业、非国有金融机构等）。但这并不意味着审计法与民法之间存在不可逾越的界限，原因是：民事主体及其开展的与国家利益有关的活动，如社会审计机构所提供的鉴证咨询服务，同样要接受国家审计机关的监督和指导。同时应当看到，近些年国家审计权向非公领域延伸的趋势愈发明显，《审计法》也将一些非国有经济成分纳入了审计监督的范围。这充分说明，审计法与民法之间的交集在增多、联系在不断增强。

事实上，作为公法的审计法与作为私法的民法如何进行协调衔接，一直困扰着国家审计工作。以政府投资建设项目审计为例，《中华人民共和国民法典》（以下简称《民法典》）第534条规定，对当事人利用合同实施危害国家利益、社会公共利益行为的，市场监督管理和其他有关行政主管部门依照法律、行政法规的规定负责监督处理。该规定表明，审计机关作为国家行政机关，有权对政府投资建设项目的真实性与合法性进行审计，也有权对利用合同危害社会公共利益的违法行为进行处理。此外，目前《审计法》也明确规定了审计机关有权对政府投资建设项目进行审计监督，且被审计单位需要按照审计机关的审计结论进行整改。但是，囿于政府投资建设项目所涉利益攸关方较多，当建设单位与施工单位在履行该建设项目合同价款发生争议时，审计决定与民事判决经常出现冲突。需要说明的是，一般意义上的建设工程施工合同属于民事合同，而政府投资建设工程项目合同则兼具行政合同和民事合同的双重属性。此类合同一旦产生纠纷，可能会导致人民法院对合同纠纷案件民事审判权与审计机关对国家建设项目审计监督权产生矛盾，因为法院在民事审判中究竟是以当事人的工程承包合同还是以审计结论来作为判决依据，尚存在较大分歧。据此，从保障社会公共利益和维护私人利益并重的角度出发，需要实现审计法与民法的衔接配合，明确审计机关对国家建设项目审计决定的效力，切实增强审计结果的应用性和权威性。

（五）审计法与刑法的衔接

刑法中的"罚"最为严厉，刑罚针对的是犯罪行为，直接法律依据是各种刑法规范，典型的如《中华人民共和国刑法》（以下简称《刑法》）、《中华人民共和国刑事诉讼法》（以下简称《刑事诉讼法》）等。从本质上讲，刑法是其他法律、政策实施的保障，所保护的社会关系相对比较广泛，而且其他部门法也需要借助刑法加以保护和调整。审计法与刑法虽然性质截然不同，但两者在立法、适用、罚种上有联系，尤其是在立法技术方面。譬如，现行《审计法》第48条在设定审计行政处罚时，针对被审计单位的犯罪行为作了刑事责任上的衔接规定。但需要注意的是，这种衔接方式比较单一，一般表现为：在具体列举被审计单位各种形式的违法行为后，原则性、宣誓性地规定"构成犯罪的，依法追究刑事责任"。也即，将审计行政处罚与高度概括性的刑事处罚写在同一条款中。须明确，审计法与刑法的这种衔接方式还是过于笼统和单一，不利于有关犯罪行为的刑事制裁。以现行《审计法》第56条为例，"报复陷害审计人员的，依法给予处分；构成犯罪的，依法追究刑事责任"。该规定在立法上保障了审计人员能够依法履行职责，免受报复陷害。然而，何为"报复陷害"，《刑法》尚未对此作出明确规定。当然，根据大众的认知，对审计人员进行暴力伤害、侮辱或者捏造事实诽谤等行为都可以纳入其中。但鉴于此处罪刑法定原则一定程度上被虚置，实践中还是会出现一些报复审计人员的犯罪行为无法被准确地定罪量刑的情形。

此外，在刑事诉讼方面，审计机关出具的审计报告能否作为诉讼证据使用，还有待进一步确认。原因是：《刑事诉讼法》第50条采用列举的方式对何为证据进行了明确，总共有八大类，基本涵盖了所有刑事诉讼的证据形态。可是，审计报告并不属于

审计法专题研究

其中一种,①而且,是否还存在除八类证据以外的其他证据类型,目前尚无定论。由此可知,审计报告的证据属性存疑,可能不是"合法"的证据形式。②事实上,审计结论对经济案件的侦破以及判决往往具有重要影响。如果确实需要利用审计报告来认定案件事实,可以由司法审判机关委托具有相应资质的单位出具。但是,这也意味着增设了一道中间环节,不仅时间间隔较长且程序复杂,会给庭审工作带来一定困扰。为解决上述问题,规范审计成果的司法运用,加强《审计法》与《刑法》《刑事诉讼法》的衔接至关重要。

---

① 《刑事诉讼法》第50条规定的证据类型有:(1)物证;(2)书证;(3)证人证言;(4)被害人陈述;(5)犯罪嫌疑人、被告人供述和辩解;(6)鉴定意见;(7)勘验、检查、辨认、侦查实验等笔录;(8)视听资料、电子数据。现实中存在的争议是:有人认为审计报告不属于八大类证据之一,不能作为刑事证据使用;有人认为审计报告是"书证";还有人则认为是"鉴定意见"。

② 姜杰. 审计报告不是合法的证据[EB/OL]. [2023-01-03]. https://baijiahao.baidu.com/s?id=1685715312242140017&wfr=spider&for=pc.

第二章　坚持与发展中国特色审计法律制度的基本内涵

依法治国的理念起源于党的十一届三中全会，在党的十五大被正式确定为党领导人民治理国家的基本方略。党的十八大以来，习近平总书记亲自布局法治、推进法治、厉行法治，形成诸多关于全面依法治国的重要论述，这也构成了我国审计法治顺利发展的指导思想。在审计领域，为全方位落实依法治国方略，党中央、国务院积极推动审计法治化建设，逐渐建立起以《审计法》为核心的中国特色审计法律制度体系，为国家审计权的有效行使提供了法治保证。中国特色审计法律制度，应当是新时代国家审计制度理念的具体反映，并且足以容纳和引领审计制度的深入发展。[①] 坚持和发展中国特色审计法律制度，需要厘清其中的内涵特征。

第一节　坚持与发展中国特色审计法律制度的基本要求

2023 年《立法法》修改，在原《立法法》第 5 条（现第 6 条）中增加一款，即"立法应当坚持和发展全过程人民民主，尊重和保障人权，保障和促进社会公平正义"。该条规定使"全过程人民民主""社会公平正义"从一般层面上的价值理念正式上升为中国立法活动必须一以贯之的基本遵循。在中国特色社会主义进入新时代的背景下，

[①] 胡智强. 论我国审计法目的条款之完善：兼及审计法立法宗旨的拓展性分析 [J]. 法律科学（西北政法大学学报），2010（4）：140.

以及在全面推进依法审计的进程中，必须深刻认识和科学把握审计法治的核心要义，即坚持中国共产党的领导、以人民为中心和促进社会公平正义，并以此为指引来继续完善中国特色审计法律制度，以强化审计法律效果以及提升国家审计服务于推进国家治理体系和治理能力现代化的能力。

一、中国特色审计法律制度的核心要义

（一）以政治为引领：坚持中国共产党领导

中国特色社会主义最本质的特征是中国共产党的领导，中国特色社会主义制度的最大优势也是中国共产党的领导。具体到审计法律制度中，党作为最高政治领导力量，是坚持与发展中国特色审计法律制度的"主心骨"。同时，党作为领导审计立法工作的核心力量和保障力量，能够有效确保审计工作的流程化、规范化，不断推进审计制度的法治化、体系化。需要言明的是，政治制度不能脱离特定社会政治条件和历史文化传统来抽象评判，不能生搬硬套外国政治制度模式。[1] 因此，与政治高度相关的审计法律制度同样讲究"时代特征"。要准确理解党领导审计立法工作的必要性与正当性，应当明确新时代国家审计权的政治属性和审计机关的政治定位：首先，政治性是新时代国家审计权的首要属性，具体体现为审计权是由党创立和领导的，其本身是国家政治权力的重要构成，党治国理政的需求决定了审计权的发展；[2] 其次，按照国家审计权的政治性要求，审计机关是党直接领导下的政治机关，其只有依靠党的领导，才能确保审计监督工作的正常开展。

纵观新中国审计法治发展历程，可以清晰地发现，中国共产党与审计法治共同成长、共同发展。党的十一届三中全会是新中国发展史上的重要转折点，会议明确了党

---

[1] 习近平.决胜全面建成小康社会 夺取新时代中国特色社会主义伟大胜利：在中国共产党第十九次全国代表大会上的报告[N].人民日报，2017-10-28（001）：11.

[2] 朱殿骅.政治性是新时代国家审计权的首要属性[J].审计月刊，2019（10）：8.

的工作重心应围绕经济建设而展开,要加强党对经济工作的集中统一领导,重新启动财政监督工作,建立独立的审计机关。之后随着审计事业的不断规范,国家审计被正式写入《宪法》,确立了审计在国家治理体系当中的宪法地位。党的十八大以来,党中央大力推进党风廉政建设和反腐败斗争。为了加强对权力运行的制约和监督,让人民监督权力,让权力在阳光下运行,把权力关进制度的笼子,党中央进一步推进党和国家监督体系改革。国家审计作为该体系的重要组成部分,其作用发挥的大小,与党的长期执政能力建设紧密相关。党的十九届三中全会将国家审计工作列为党的"重大工作",要求"构建统一高效审计监督体系,实现全覆盖"。为进一步提高审计制度的执行力,发挥党在全国审计工作统筹中的指挥与协调功能,2018年《深化党和国家机构改革方案》明确规定组建中央审计委员会并将其办公室设在审计署。作为党和国家统一指挥的国家审计最高决策机构,中央审计委员会的成立充分说明了党的领导是我国审计法律制度的最本质特征,审计法治进程的推进将继续遵循党中央的集中统一部署。

党的十八大以来党的这一系列举措标志着党对中国特色社会主义审计事业的全面领导迈入新阶段,这对审计法治的稳定推进具有划时代的里程碑意义。审计法律制度的实践已然告诉我们,一以贯之地把政治建设贯穿于国家审计工作全过程,就是要将推动中国共产党领导的首要地位和统领作用落到实处,以党的领导为向心力、凝聚力,健全审计管理制度、创新审计发展理念、革新审计法律制度。

(二)以人民为中心:践行全过程人民民主

立法是国家意志的表达,但国家意志应成为人民意志、社会意志的集中体现,因为法律在发挥保障与约束作用的同时,也在服务于人民与社会。在我国,法律作为上层建筑的重要组成部分,根植于"以人民为中心"的思想沃土中。人民性是马克思主义的鲜明品格,"以人民为中心"是新时代坚持和发展中国特色社会主义的重要内容,亦是贯穿于习近平总书记领导推进治国理政伟大实践的一根红线。就此而言，审计法律制度应当恪守"主权在民""以民为本"的基本理念，朝着有利于实现人民主权的方向发展。国家审计是维护国家经济安全、服务国家治理的重要监督手段，因此，国家审计监督的直接目的是对财政资金和公共资源的维护，根本目的在于通过监督来实现对权力的有效制约，以维护广大人民群众的根本利益。需要强调，人民民主应当是一种全过程的民主，这是我国在新的历史时期对"人民民主"所作出的重大判断。全过程人民民主，实现了过程民主和成果民主、程序民主和实质民主、直接民主和间接民主、人民民主和国家意志相统一，是全链条、全方位、全覆盖的民主，也是最广泛、最真实、最管用的社会主义民主。[①] 作为对这一意涵的诠释，中国特色审计立法应贯彻体现全过程人民民主，同时保持党的主张和人民意志的高度统一。

审计监督权属于公权力范畴，是行政权的组成部分。须明确，公权力为全体公民所共同拥有，只是由代表公共事务管理组织的国家或政府代为行使。按照人民主权学说，国家的主人是人民，既然政府基于人民的委托来行使相关权力，这部分权力自应受到制约和监督，国家审计机关也正是接受了人民的委托来行使审计监督权的。因此，从本质上讲，审计监督权实则是由人民群众所赋予的。"以人民为中心"的思想在中国特色审计法律制度中扮演着重要角色，具体来说：其一，"以人民为中心"是审计机关和审计人员开展审计工作的基本要求。审计机关作为国家政治机关，应当紧紧围绕"以人民为中心"的思想开展审计监督活动，深刻体现出"为国而审""为民而计"。广大审计人员应当心系人民，以人民问题为导向，关注人民群众的真实感受和利益诉求，助推社会公平正义的实现。其二，"以人民为中心"要求不断增强国家审计的民主性和公开性。由于国家审计需要对作为委托方的人民负责，因而践行群众路线有利于人民参与审计并提

---

① 国务院新闻办公室.《中国的民主》白皮书（全文）[M/OL].[2022-10-12].http://baijiahao.baidu.com/s?id=1718182555841772687&wfr=spider&for=pc.

升审计实效,以保障人民基本权利的实现。具体做法有:在审计项目立项前通过座谈和网上征求意见等形式广泛听取人民群众的意见和建议、完善审计结果公告机制、畅通审计信息公开渠道等,切实保障人民群众对审计监督工作的知情权和参与权。

长期以来,我国始终把人民利益放在至高无上的地位,任何改革也都是为了让发展成果更多更公平地惠及全体人民。随着"以人民为中心"的发展思想被载入十九大报告中,党中央、国务院高度重视审计工作中人民群众的实际需求和利益表达,国家审计工作的重心持续转移至与人民群众关系密切的民生领域。从具体效果上看,针对扶贫专项资金、减税降费政策、社会保障基金等民生项目的审计监督力度在不断增强,民生审计成为我国政府审计创新转型的一项重要成果。[①] 实践层面,一系列民生审计项目的实施,充分表明了审计工作及其法律制度要站在人民的立场、以公众权利为出发点去满足社会成员的各项需求。

(三)以监督为依归:促进社会公平正义

改革开放以来,党和国家以"经济建设为中心"的发展目标及导向因其遵循的是效率优先的发展逻辑,极大促进了带有鲜明效率主义倾向的审计制度建设。然而,应当看到,"当效率的衡量成为唯一的讨论议题时,以自由、正义和公平等术语为代表的价值问题正在失去它们作为评判标准的重要性"。[②] 审计工作是关乎国家和民生的大事,遵循以"投入—产出"为核心的唯效率主义,往往会使其表现为:只注重审计方法和技术,忽视审计内容和质量。党的十八大和十九大都在强调要促进社会公平正义,这种价值追求应当始终成为贯穿于审计法律制度的主线,融入每个具体的审计法治活动。换言之,任何审计工作都需要以审计法律制度为依据,一个严密、完善的审计法律制度在理论上应该具备公平正义的特点,它是审计工作法治化和规范化所追求的实然状

---

① 孙伟龙.民生审计内涵与特征分析[J].财会通讯,2015(16):103.
② 罗伯特·B.登哈特.公共组织理论[M].扶松茂,丁力,译.北京:中国人民大学出版社,2003:117.

态。也只有这样，才有利于审计机关从公平性、正义性的角度进行审计评价。①

当前，中国社会仍面临着贫富差距问题。②各级政府或其他公共组织在运用公共资产、公共资金或提供公共服务等方面备受关注，相关监督、评价和鉴证工作面临着公平性的严峻挑战。从社会公平的角度来观察，公平性有着多层次的含义，具体包括了起点公平、过程公平与结果公平，三个不同维度的公平几乎涵盖了社会各个领域的权利与利益。正是基于这种社会学公平正义的理念，公平性审计理论才得以不断地发展和完善，并在审计法律制度中体现出来。因为国家审计一方面涉及行政法律制度范畴中审计监督权的有效行使，以确保财政管理、财经纪律的有序、规范运行；另一方面要在审计过程中兼顾社会公众的主观满意度与获得感，以践行"以人民为中心""为人民服务"的宗旨，所以必然需要贯彻公平正义的基本原则与理念，构建起以促进社会公平正义为基准的现代国家审计新格局。

根据近年来的审计实践，为促进社会公平正义，审计监督应重点关注以下三个方面：其一，对预算资金使用情况的审计监督。对预算资金的安排应当体现出财政资金分配的公平性和科学性，诸如在疫情、灾情等突发事件面前，损失情况大致相同的地方应获得等额的资金补助。其二，对政府投资项目的审计监督。不仅要注重对政府投资和以政府投资为主的建设项目实施审计，还要注重对全局性、战略性、基础性的重大公共基础设施工程实施审计，如针对政府与社会资本合作等方式建设的公共产品和公共服务项目实施跟踪审计。其三，对利民惠民政策措施的审计监督。近年来，财政资金向民生领域的投入越来越大。为了让弱势群体享受公平正义的阳光，审计监督要以政策为重点、以资金为主线，重点关注社会保障、乡村振兴、扶贫和再就业等领域政策措施落实过程中大额资金的管理使用情况，推动政策落实到位。

---

① 赵昊东，赵景涛. 公平正义综合指数对国家审计的启示［J］. 审计研究，2016（3）：75.
② 刘斐，王建华. 中国基尼系数未来五年有望降至国际警戒线以下［EB/OL］.［2021-08-03］. https://www.chinanews.com.cn/gn/2016/01-21/7727090.shtml.

二、坚持与发展中国特色审计法律制度的路径探微

(一) 建立健全国家审计法律制度体系

我国现有审计法律制度体系的初步框架为：以《宪法》为核心、以《审计法》和《审计法实施条例》为主干，以其他法律规范为配套措施的完整系统。从系统论的角度出发，《宪法》处于其中第一层次，具有最高的统摄力，而《审计法》作为国家审计监督的基本法律，是《宪法》的实施法律。目前，我国经济正处于高质量发展阶段，经济发展的各个领域都需要借助国家审计的力量。通过发挥国家审计预防、揭示和抵御三大"免疫系统"功能，有利于提高经济资源配置效率和政府行政质量，进而助推经济高质量发展。须明确，审计机关有效行使审计监督权离不开国家强制力的保障，只有建立健全国家审计法律制度体系，才能真正构建审计法定职责履行的保障机制，强化审计效果。目前，从宏观上看，中国特色国家审计法律制度体系主要应当从以下两方面进行优化：

一方面，提高《审计法》的立法位阶。《宪法》规定，国家立法权由全国人大及其常委会共同行使，以保证对立法工作的组织协调。[①]《立法法》第7条在此基础上做了进一步明确，即将刑事、民事和国家机构等方面的"基本法律"（如《预算法》《民法典》）的制定权和修改权赋予了全国人大。相比之下，全国人大常委会则有权制定和修改除应当由全国人大制定的法律以外的其他法律。实际上，从发展趋势来看，由全国人大常委会制定的法律越来越多。其中，《审计法》就是由全国人大常委会制定完成的，显然也就不属于"基本法律"的范畴。从法理上说，审计机关行使审计监督权时所依据法律的位阶一般应高于或至少等于被审计机关行使权力时所依据法律的位阶，否则会带来一系列问题。[②]虽然人大立法与人大常委会立法都是法律产生的基本途径，但是全国人大

---

① 薛佐文. 对立法权限度的法理思考：专论全国人大与全国人大常委会的立法权限[J]. 河北法学，2008(2)：57.
② 程乃胜. 论《审计法》的修改与完善[J]. 江海学刊，2020(6)：251.

常委会仅是全国人大的常设机关，而常设机关并不等同于全国人大本身。从长远和全局考虑，这种立法模式在一定程度上削弱了法律的权威性，或者说，监督主体与被监督主体所依据的法律的效力层次倒挂会导致国家审计应有的监督成效难以达成。据此，为保障审计机关与被审计机关法律地位的对等，以及审计监督权的效力层级，下一步应提高《审计法》的立法位阶，让《审计法》的制定权和修改权尽可能回归全国人大。

另一方面，保障审计机关的审计立法参与权。审计机关既是审计活动的实施主体，也是审计立法过程中值得重视的一方利益主体。国家审计监督必须以法律为准绳，而目前审计法律制度大都交由中央或地方人大及其常委会来制定或颁布，较少涉及各级审计机关的参与。应当指出的是，国家审计部门是执行审计监督活动最主要的行政主体，其最为了解现实中审计制度的运行与保障。可以说，缺少审计部门直接参与的审计立法，其专业性和可操作性都难以得到有效保证。为建立健全权威、高效的国家审计法律制度体系，应拓宽审计机关参与审计立法的渠道和方式，并对审计机关的反馈建议予以高度重视。

（二）不断推进国家审计管理体制改革

中国特色审计法律制度体系通过构建权力制约机制为审计监督提供了强有力的支撑，但审计监督职能作用的实现，除依赖国家审计法律制度的强制性保障，还需要良好的管理体制的配合。目前来说，我国审计管理体制仍属于"行政型"，以地方审计机关为例，其受到本级人民政府和上一级审计机关的双重领导，如图2-1所示。这种模式选择主要是由当时我国政治经济环境的特点所决定，双重领导体制的主要目的在于能够充分利用集权优势，加强中央和地方对国家审计工作的统筹管理。客观地讲，"行政型"国家审计具备行政决断快、部门交叉配合灵活等特点，其优势是"立法型"和"司法型"国家审计都无法比拟的。也正是依靠这种管理体制，我国国家审计在实践中能较快完成重大审计项目创新的配套实施，成果斐然。

第二章 ‖ 坚持与发展中国特色审计法律制度的基本内涵

图 2-1 审计机关的双重领导体制

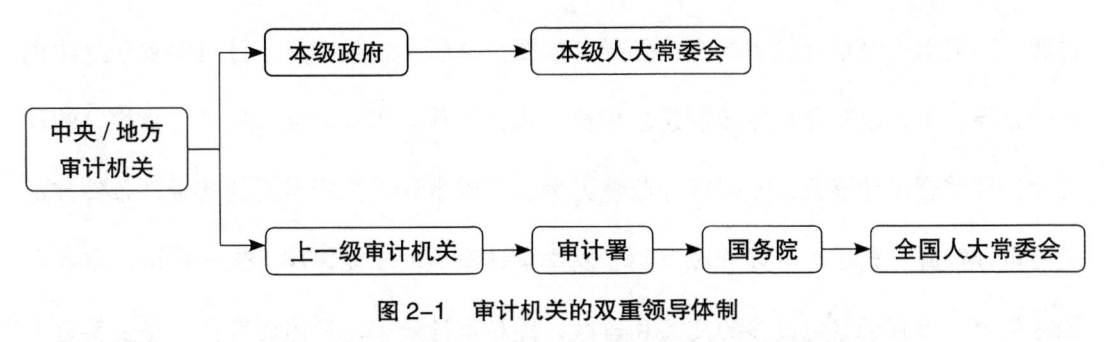

从理论上讲，审计机关要接受本级政府的行政领导，同时接受上级审计机关的业务领导，范围划分较为明确。[①] 事实上，这种行政上归地方政府、业务上归上一级审计机关领导的体制的弹性很大，在实践中极易产生偏差。例如，审计机关可能要耗费大量的精力去迎合地方政府的业务安排。因此，双重领导模式也逐渐显露出一些弊端，已经趋向于演变成以地方政府领导为主的"单一"领导体制。[②] 进入新时代，这种偏差越来越无法适应国家治理体系和治理能力现代化建设的需要，甚至在很大程度上制约着我国审计工作的健康发展。可见，国家审计管理体制所具备的传统优势需要在新时代背景下予以重新审视。

不断推进国家审计管理体制改革需从以下两个方面入手：一方面，突破"行政型"的监督思维，加强地方审计机关职权行使的独立性。独立性是审计制度的根本属性和核心特征，如何摆脱对政府若即若离的依附是审计管理体制改革的首要问题。2018年中央审计委员会以及随后地方各级党委审计委员会的建立，为我国审计管理体制转型奠定了良好的基础、提供了全新的可能。然而，需要说明的是，从"中央-地方"二元结构的视角分析，虽然我国基本理顺了中央审计管理体制，但"中央审计委员会模式"直接照搬到地方，可能会进一步加剧地方保护主义。针对地方审计管理体制存在的独立性问题，可考虑构建垂直管理体制，即实现由双重领导模式向垂直领导模式的

[①] 金太军.以增量改革完善审计管理体制［N］.新华日报，2018-04-04（13）：1.
[②] 曾凡证，张珺.省以下地方审计机关职权独立性的法治保障研究［J］.学术界，2016（7）：37.

过渡，强化上一级审计机关的直接领导，如图2-2所示。或者将审计机关置于立法机关的领导之下，以避免地方政府过多地介入审计工作。另一方面，以"一盘棋"的理念为指导整合审计资源，配强审计监督力量。实现审计目标所需要的基础性条件被定义为审计资源，充足的审计资源有利于发挥审计组织的职能作用。进一步讲，审计资源的整合，有利于避免过多的交叉和盲区，提高审计效率，具体而言：一是要整合人力资源，提高审计工作人员的专业素养和办事效率，必要时可从其他部门抽调内审人员参与到国家审计项目实施现场中，实现国家审计与内部审计协同联动；二是要整合信息资源，加强审计与财政税务、纪检监察等部门的合作，完善审计数据与信息的互通共享机制；三是要整合财力资源，加强审计机关内部的财务管理制度建设，切实保障审计机关的审计经费，促进审计基础工作的建设。

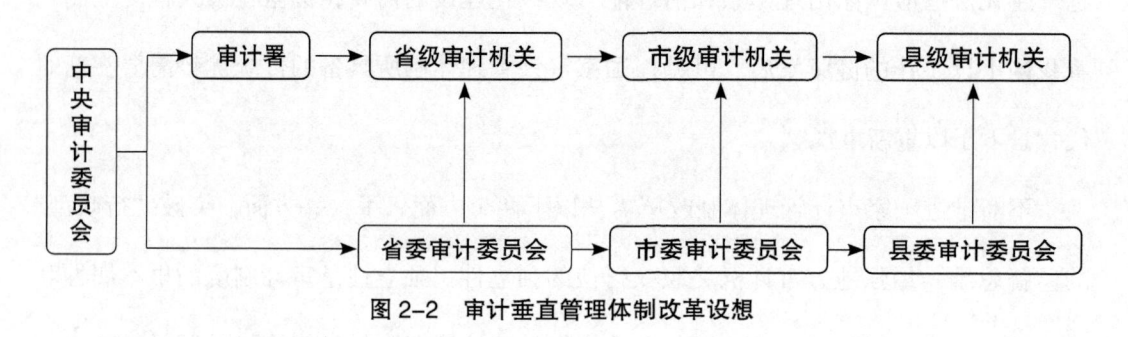

图 2-2 审计垂直管理体制改革设想

（三）逐步扩大审计监督范围

当下，我国正处于高质量发展阶段，在经济发展方面，各个领域都需要借助审计监督的力量。[①] 根据公共受托（经济）责任理论，受托管理公共资源的公共部门需要对公共资源承担一种受托责任。深究之，"受托管理"本质上属于公共权力行使的表现形

---

① 目前我国经济已由高速增长阶段转向高质量发展的新阶段，在此背景下，"高质量发展"的定语也从"我国经济"变成了"我国"。细微的表述变化折射出，高质量发展不再只是一个经济要求，它是对经济社会发展方方面面的总要求。而在审计全覆盖的形势下，审计领域同样涉及各行各业、渗透到方方面面。由此可以说，审计全覆盖的思想业已暗合于全面高质量发展的逻辑脉络中。

式,可以说,公共部门在行使公共权力的同时,也承担了相应的公共责任。相应地,对公共资源的筹集、分配、管理和使用情况也应当接受审计机关的监督和评价,这是行使公共权力的必不可少的约束条件。除公共部门外,诸如民营企业等非公共部门也可能因接受委托或授权参与到国家治理中,与公共部门形成公私伙伴关系来共同管理公共资源或提供公共服务,由此也就承担了一定的公共责任。应当指出的是,不管是公共部门还是非公共部门,只要其行使了公共权力,都应该成为审计机关的监督对象。[①] 因此,这些非公共部门受托责任履行的情况也应同步纳入审计范围。总体上说,要真正实现审计目标,必须明确国家审计的法定监督范围,同时做到应审尽审,没有监督盲区,这也是审计监督全覆盖的基本要求。

党的十八届四中全会明确提出要实行对四个方面的"审计全覆盖",赋予新时期审计工作新的内涵和要求。也就是说,国家审计监督的范围不应再局限于《审计法》(2006)所规定的"两个收支"——国务院各部门和地方各级政府的财政收支、国有金融机构和企事业单位的财务收支,更为重要的是,还要将公共资金、国有资产、国有资源和领导干部履行经济责任情况纳入其中,保证审计监督范围的广度和深度,彻底消除审计空白和盲区。据此,在逐步实施审计监督全覆盖阶段,以下两个方面的内容应当在审计立法中予以重点体现:一方面,促进审计机关全面履行审计监督职责。在合理界定审计范围或划定审计边界的基础上,健全与审计机关业务拓展相适应的工作机制。同时,坚持党政同责、同责同审,着力构建全方位、立体式的审计监督网络,确保审计机关有重点、有成效地对公权力活动的全部领域、范围和人员实施全方位审计监督,避免出现重复审计和监督盲点。另一方面,完善审计机关行使职权的保障机制。即排除外部干扰,切实保证审计机关在国家重大决策部署落实、国家经济安全、

[①] 宋夏云,黄佳琦.国家审计功能边界研究[J].财经论丛,2020(7):76.

民生工程建设、生态文明建设以及深化改革等方面无障碍地行使审计监督权,以便其在执行审计业务中能够更加顺利地获取审计证据、形成审计意见、出具审计报告。

(四) 优化依法审计的教育体系

依法审计是依法行政的基本要求,国家审计本质上属于一种行政执法,毋庸置疑也须"依法"。更具体地说,依法审计是审计职业化队伍建设的基本目标要求,审计机关与审计人员也只有在法律的准绳下开展审计工作才能提升审计监督能力。就此而言,依法审计是新时代建构法治政府和完善审计教育体系的逻辑前提。

随着我国社会经济的发展,国家审计的环境发生了翻天覆地的变化,固有审计教育体系已经无法满足社会经济的发展对审计人才的要求,具体表现在:审计队伍的扩充导致审计人员专业素质参差不齐;新时代国家治理需求对审计队伍提出更高要求;新时代经济环境的变化使得审计工作面临新挑战。优化依法审计的教育体系,关键在于审计职业化立法,也即,通过审计职业准入、审计职业保障和审计职业行为规范的制度化、法律化来实现审计队伍的专业化、正规化和职业化。[①] 在这一过程中,需要将相关改革成果以法律的形式加以固定,才能真正实现审计事业的可持续性、审计队伍的专业性和审计人员的职业性。

强化依法审计的教育体系,涉及审计职业资格制度、审计职业能力制度和审计职业道德制度三个方面:其一,完善审计职业资格制度。审计职业资格是衡量审计人员是否具备从事审计工作所必备的学识和技能的"门槛"。未来,我国可考虑实行国家审计职业资格考试,以获得该资格作为从事审计工作的先决条件。在考试内容上,除涉及传统的审计、会计和计算机等方面的知识,还应加大对相关法律知识的考察比重,

---

① 刘爱龙. 新一轮审计法修订完善问题探析 [J]. 江海学刊, 2017 (3): 148.

由此加强未来审计人员的法律储备,提高依法审计的能力。其二,完善审计职业能力制度。审计职业能力建设与审计学历教育和职业培训紧密相关。在审计学历教育方面,一是考虑在国家审计职业资格考试中增设报名条件,规定报考者须获取审计、会计或法学类本科及以上学历,或者须具备一定年限的审计工作经验;二是要通过委培或联合培养等方式提高在职审计人员的学历水平。在职业培训方面,主要通过对在职审计人员开展定期培训,以及对特定审计行业开展专门培训,以此提高审计人员的职业能力和专业水平。其三,完善审计职业道德制度。审计职业道德制度是审计教育体系的重要组成部分,它是指在审计工作过程中,国家审计人员应当遵守的职业操守和纪律规范的总和。完善审计职业道德制度,应当强化和提升国家审计人员遵纪守法的规则意识,在立法中要求他们按照法定职责、权限和程序独立地从事审计工作。易言之,提高国家审计人员职业道德的关键是要结合法治的基本精神,把依法审计的基本要求全面贯穿于审计人的职业理想、职业态度、职业责任、职业技能、职业纪律、职业良心、职业荣誉和职业作风。

(五)契合国家治理体系和治理能力现代化趋势

国家治理的理想状态即"善治","善治"是社会公共利益最大化的表现。[①] 从本质上讲,国家审计是国家治理的"免疫系统",是推进国家治理体系和治理能力现代化的重要保障。国家审计监督可以深入国家治理的各个环节或领域,不仅承载着维护国家安全和国家利益的重任,还在保护生态环境、推进民主法制、反腐倡廉和深化改革等方面发挥着不可替代的作用。同样,国家治理在一定程度上决定着国家审计的发展方向,是国家审计制度改革与调整的"风向标"。在民主与法治建设深入发展的今天,社

---

① 俞可平.推进国家治理体系和治理能力现代化[J].前线,2014(1):6.

会公众越来越广泛地参与到国家治理中，人民群众的权利意识日益增强。国家审计作为国家治理的重要途径和有效手段，自然是社会公众关注的焦点。如何让国家审计在维护社会公众根本利益的基础上，赢得全社会的肯定和信任，事关国家治理体系和治理能力现代化的进程。特别要强调，国家治理体系和治理能力现代化建设需要所有公共部门和私人部门的有效运转，而国家审计对一切行使公共权力、承担公共责任的相关主体的财务报告负责，保证其真实性和公允性，在加强国家宏观调控的同时实现对行政权力的制衡。[①]总体而言，作为一种监督机制，国家审计通过形成对行政权的制约和约束来服务于国家治理，进而实现对国家的善治。

法治化水平是衡量一国治理能力高低的关键要素，国家审计法治化是国家治理体系和治理能力现代化的重要标志，国家审计法治建设水平与能力决定着国家治理能力和水平的高低。[②]审计法治化水平是审计立法、执法、法治观念等诸多因素综合样态的体现，从某种意义上说，审计立法不断推进、审计执法不断规范、审计人的法治观念不断增强，审计法治方能实现与现代国家治理的高度契合。诚然，提高国家治理的质量和绩效，需要国家审计不断调整和校正发展路径。然而，需要重申的是，法律是开展审计工作的依据，推进国家审计法治需要以构建完备的国家审计法律制度体系为前提。纵使我国市场经济不断发展、社会形势不断变化，但无论何时、何地，"立法先行，于法有据，以法治思维推动变革"始终是不变的定律。现实地讲，如果国家审计法律制度的发展步伐和审计实践无法同步合拍，其滞后性将导致国家审计的实施效果大打折扣。据此，推动国家审计制度的变革以及优化和完善国家审计法律制度的基本思路在于：结合法治建设规律和国家审计特点，改善原有的国家审计监督体系，不断契合新时代国家治理现代化的发展趋势和内在要求。

---

① 曾晓虹.论国家审计在宏观调控中的保障监督作用[J].江苏社会科学，2011（6）：43.
② 齐兴利，刘何斌.审计法学研究会首届学术研讨会综述[J].南京审计学院学报，2015（5）：107.

第二节　中国特色审计立法的几个重要问题

一、中央审计委员会的设立

根据《中共中央关于全面推进依法治国若干重大问题的决定》，权力监督体系可以细分化八大监督：党内监督、人大监督、民主监督、行政监督、司法监督、审计监督、社会监督和舆论监督。不同类型的监督在监督主体、内容、方式和依据上有所差异，如表2-1所示。为了进一步明确各类监督职能和强化各类监督作用，我国先后成立了国家监察委员会、中共中央全面依法治国委员会、中央审计委员会等机构。

审计监督作为国家八大监督之一，因其所具有的独特的功能属性，是其他监督手段的重要基础。[1] 新时代国家审计面临着诸多前所未有的挑战，故对国家审计的组织结构和功能发挥提出了新的战略要求。2018年3月，中国共产党中央委员会根据《深化党和国家机构改革方案》组建了决策议事协调机构——中央审计委员会。2018年5月23日，中央审计委员会召开第一次会议，审议通过了《中央审计委员会工作规则》《中央审计委员会办公室工作细则》《2017年度中央预算执行和其他财政支出情况审计报告》等文件。可以肯定的是，未来国家审计工作的重要计划和国家审计制度的重大改革措施等，都需要经过中央审计委员会审议通过。其设立是基于党政关系重新认识的一次政治制度安排，有利于促进审计监督与其他各类监督共同构建党和国家的监督体系。[2] 更进一步看，此举既加强了全国审计工作统筹，又整合了国家审计监督的职能和资源，是新时代加强党对审计工作领导的伟大创举，也是我国推进国家治理体系和

---

[1] 刘爱龙. 新一轮审计法修订完善问题探析[J]. 江海学刊，2017（3）：143.
[2] 杨肃昌. 对组建中央审计委员会的几点认识[J]. 财会月刊，2018（20）：6.

治理能力现代化的深刻变革。应当注意到，目前在国外还很少有一个国家的执政党会通过专门设立一个机构来领导全国审计工作。因此可以说，中央审计委员会的组建不仅是新时代中国政治制度之审计制度的创新，而且在世界范围内开创了党领导审计工作的先河。据此，我国国家审计体制开始由行政型迈向治理型，这在我国乃至世界审计改革和发展史上都具有里程碑意义。

表 2-1 我国权力监督体系中不同监督类型的比较

监督种类	监督主体	监督内容	监督方式	法律依据
党内监督	党委、纪委	党规党纪的执行情况	巡视巡察、考察考核、述廉评议、谈话诫勉、执纪问责	《中国共产党党内监督条例》
人大监督	人民代表大会及其常务委员会	宪法和法律的实施情况	听取审议报告、质询、询问、重大事项或特定问题调查	《预算法》《中华人民共和国各级人民代表大会常务委员会监督法》
民主监督	政治协商会议	决策部署的贯彻落实情况	通过提案、倡议等方式进行协商式监督	《中国人民政治协商会议组织法》
行政监督	政府	行政管理过程中的遵纪守法情况	许可审批、执法检查、行政备案、惩戒处分	《政府督查工作条例》《政府信息公开条例》
司法监督	法院、检察院	公权力的依法行使情况	通过独立公正行使审判权和检察权开展监督	《行政诉讼法》《中华人民共和国监察法》
审计监督	审计机关	公共资金、国有资产、国有资源的分配、使用和管理情况	监督盘点、函证、查询、计算、信息披露	《审计法》《审计法实施条例》
社会监督	社会公众	社会公共事务的管理情况	揭发、举报、申诉、信访	《宪法》
舆论监督	新闻媒体	国家机关的施政活动	公众留言、追踪报道、评论访谈、批评建议	《宪法》

（一）有利于加强党中央对国家审计工作的宏观指导

党和国家监督体系的建立可以有效确保国家公权力的正确行使。作为党和国家监督体系的有机组成部分，审计工作与党和国家事业全局息息相关，故其理应在党的领导和指导下开展。正如习近平总书记所强调的，党政军民学，东西南北中，党是领导一切的。中央审计委员会的设立，是在党的指导下有效保障和充分发挥国家审计的功能与作用，并为国家审计提供不可或缺的政治和组织保障。一方面，党的领导是中央审计委员会存在的前提。设立中央审计委员会，旨在强化党对审计监督工作的领导和明确党对审计工作职责的要求。中央审计委员会对国家审计工作的领导是全方位的，在党统一领导下行使审计监督权，是党的职责；另一方面，党的领导是中央审计委员会发挥作用的重要保障。中央审计委员会的设立是基于贯彻落实党和国家各项政策和决策部署的需要。唯有在党的领导下，中央审计委员会才能够独立行使权力并发挥作用。

国家审计可以发现并揭示党和国家治理下相关主体存在的问题，进而提出整改措施或完善建议，推动党和国家重大决策的有效实施，确保一切经济活动都在正确的轨道上健康运行。现阶段，中央审计委员会由中共中央总书记习近平担任主任，领导层级之高史无前例，表明党中央对审计监督的重视。作为重要的党中央决策议事协调机构，审计委员会是进一步助推国家治理体系和治理能力现代化的利器。此外，审计机关成立几十年来，尤其是党的十八大以来，在促进党中央令行禁止、维护国家经济安全、推动全面深化改革和促进依法治国等方面作出了重要贡献。进入新时代，审计在经济社会发展中的重要作用越发凸显，因此，除审计署外，也需要一个更高级别的机构或委员会来强化顶层设计和统筹协调，为审计工作提供宏观指导。

（二）有利于深化国家审计制度和管理体制改革

我国审计事业经过几十年的发展，已经基本建立健全国家审计制度体系，有效预防、揭露、抵御了政府机关、企事业单位等主体经济行为中可能或已经存在的问题。同时，我国在审计机构职能设置、监管机制和管理体制等方面尚有一定的不足或缺陷，审计工作仍然面临不少问题。目前,我国经济审计监督管理体系中还存在地方经济审计监督主体过多、监督部门职权分散化和碎片化等诸多问题。①《利马宣言》旨在唤醒独立的国家审计,但由于地方审计机关隶属于各级政府,地方审计机关在开展工作的过程中,除接受上级审计机关的监督和领导,经费、后勤保障等问题则基本由本级人民政府直接领导。据此,地方审计机关无法摆脱对地方政府的依附,国家审计的独立性自然受到影响。组建中央审计委员会,则有助于改善这种状况:其一,它是深化国家审计制度和管理体制改革的最重要内容。当前,我国审计制度和管理体制与保证党对审计工作全面领导的要求还不完全适应,同实现国家治理体系和治理能力现代化的要求也有一定距离。设立中央审计委员会,就是要加强党中央对审计工作的顶层设计和统筹协调,更好地优化审计职责、执行审计监督任务,助推国家审计制度和管理体制改革的深入推进,从而为审计工作的发展提供有力的支持。其二,它保障了国家审计监督的独立性和权威性。组建中央审计委员会不仅有利于强化审计项目计划统筹、审计组织协调、审计结果利用、审计整改,还有利于建立健全集中统一、全面覆盖、权威高效的审计监督体系。《中共中央关于全面推进依法治国若干重大问题的决定》提出"探索省以下地方审计机关人财物统一管理",这对提高地方审计机关的独立性、保障地方审计机关依法行使审计监督权具有重要作用。中央审计委员会成立后审计监督的权威性大大增强。②其三,它提高了国家审计监督的专业性和全面性。一个更高层面的专门委员会将其办公室设在审计署,标志着当前国家审计管理体制从行政型向治理型的领导机构转变。审计署已经不单单是国家审计管理体系中一个内部审计专业的执行管理机构,③由审计署代为行使中央审计委员会的日常工作,有利于强化顶层设计,统筹协调与审计监督相关的事项和问题。

---

① 厉国威,葛鹏辉.新时代国家审计与中央审计委员会的功能融合[J].会计之友,2020(17):128.
② 赵广礼.试论审计体制改革:变迁和未来[J].审计研究,2019(6):46.
③ 杨肃昌.改革审计管理体制 健全党和国家监督体系:基于十九大报告的思考[J].财会月刊,2018(1):3-7.

（三）有利于促进国家审计监督全覆盖

随着我国进入中国特色社会主义新时代，审计在经济社会发展中的重要作用越发凸显。我们需要把所有公共资金、国有资产、国有人力资源和其领导干部需要履行的经济和社会责任的具体情况都全部纳入国家审计监督的范围，构建全面覆盖的审计监督体系。①关于审计监督的全面覆盖，早在2014年，党的十八届四中全会通过的《中共中央关于全面推进依法治国若干重大问题的决定》就已经传递出十分重要的信号，其中强调"对公共资金、国有资产、国有资源和领导干部履行经济责任情况实行审计全覆盖"。2018年，习近平总书记在中央审计委员会第一次会议上发表重要讲话，并就审计全覆盖问题作出明确指示，要求"做到应审尽审、凡审必严、严肃问责，努力构建集中统一、全面覆盖、权威高效的审计监督体系，更好发挥审计在党和国家监督体系中的重要作用"。②可见，审计全覆盖是党中央对审计工作提出的明确要求，只有实现全面覆盖，才能真正保证审计监督的震慑力。

由于长期以来审计监督任务繁重和审计力量不足，我国审计监督的覆盖面有限，且存在多头监督、重复监督或监督空白等现象，在一定程度上影响了国家审计监督的有效性。新时代我国经济社会环境正发生深刻变化，国家审计要有新作为，需要拓展监督的深度和广度，加大对经济社会运行中各类风险的揭示力度，强化对公权力的制约和监督。随着中央审计委员会的成立，党内监督、审计监督与其他监督实现了有机衔接，解决了原有审计监督覆盖范围过窄、独立性不强等突出问题，增强了监督合力，为规范权力运行、全面深化改革、促进经济高质量发展和反腐倡廉都提供了有力的保障。更进一步讲，中央审计委员会作为党中央决策议事协调机构，未来推出国家审计

---

① 王立彦.国家审计体系：中央审计委员会机制下的转型[J].财会月刊，2019（10）：3-7.
② 习近平主持召开中央审计委员会第一次会议[EB/OL].[2023-01-03].http://www.gov.cn/xinwen/2018-05/23/content_5293054.htm.

重要计划或出台深化审计制度改革措施等,都需要由它审议通过。中央审计委员会能够在保障审计监督科学性、独立性、专业性和全面性的基础上,全面掌握公共资金、国有资产、国有资源和领导干部履行经济责任情况等,从而提高审计监督深度、增强审计监督效能,推进实现审计全覆盖的目标。总之,组建中央审计委员会的历史性安排表明新时代国家审计全覆盖已经蓄势待发,必将开创审计事业发展的新篇章。

二、国家审计与纪检监察的协作

党的十九大报告要求"构建党统一指挥、全面覆盖、权威高效的监督体系"。党的十九届四中全会强调要发挥审计监督职能作用,并要求"以党内监督为主导,推动各类监督有机贯通、相互协调"。国家审计在国家治理中的作用不言自明,但囿于审计管理体制存在的问题,当前国家审计在一些领域仍是力不能及。是故,党中央在充分利用国家审计这一"利器"的同时,有必要深化其与纪检监察的协调配合,确保党和国家监督体系中两个重要子系统相辅相成、相互补充,从而构建起集中统一、全面覆盖、权威高效的审计监督体系。

(一)国家审计和纪检监察协作的必要性与可行性

在国家审计和纪检监察协作的必要性方面,相较于监审合一的监督体制,审计机关和纪检监察机关分设不仅可以避免权力过于集中,使两者相互制衡;还能够形成分工下的"规模经济",让专业的人做专业的事,提升监督的质量效果。[1] 新时代,国家审计和纪检监察应当在党和国家监督体系中各司其职、相互支持:一方面,国家审计侧重于责任界定,为纪检监察提供基础信息;另一方面,纪检监察为国家审计提供强

---

[1] 朱殿骅.新中国成立 70 年国家审计制度的演进历程与未来展望[J].西安财经大学学报,2020(2):38.

力支持，侧重于责任追究。具体来说，国家审计一向被视为"经济体检"，依法对各级人民政府及其部门、国有性质企业及其工作人员等的有关经济活动进行监督评价，并利用自身在财务会计、经济核查等方面的专长及时发现一些倾向性问题，维护国家财经秩序和财经纪律。但是，囿于国家审计机关的独立性以及处理处罚权相对较弱，审计机关即使发现了相关问题，在进行纠正和问责时亦存在很大的局限性，诸如国家审计机关无法直接停止被审计单位的违规行为，而必须向其他第三方申请。纪检监察机关包括党的纪律检查机关和政府行政监察机关，前者对党的各级组织和全体党员进行纪律检查，聚焦执纪问责，保证党员队伍的纯洁性，维护党纪的严肃性；后者对各级行政机关、组织的行政行为及其中的公务员和其他人员的廉洁自律、遵纪守法情况进行监督，维护行政纪律。[①]纪检监察机关能够依据党章党规和法律法规惩处违法违纪行为，但由于其自身在发现问题的及时性和全面性方面的局限，难以起到理想的预防控制效果。这就要求国家审计应与纪检监察一同构建制度牢笼，以有效解决国家审计底气不足而纪检监察证据缺乏等双向缺失问题。总之，国家审计与纪检监察协作发力，在责任界定和责任追究上相互支撑，有助于扼制公职人员的机会主义倾向。

在国家审计和纪检监察协作的可行性方面，我们可以从以下三个维度进行探讨：其一，目标上的一致性。国家审计与纪检监察的工作重心虽有不同，但两者在保障各级政府部门及其工作人员依法行使公权力、促进廉政建设上的目标是一致的，这是做好两者之间的协调配合并形成监督合力的前提。其二，内容上的相关性。经济问题往往交织着复杂的政治问题，国家审计发现的相关人员的违法违纪行为也往往违反了党纪政纪。案件处理有时还需要跨部门、跨地区进行，涉及面较广。据此，如果单凭某一监督主体来处理，可能会因为手段方法的不足或者超越自身权限而陷入困境。加强

[①] 王会金. 反腐败视角下政府审计与纪检监察协同治理研究[J]. 审计与经济研究，2015（6）：3-10.

国家审计与纪检监察的协作，可以打破各种监督权之间的隐形壁垒，既保证了监督内容的科学性和全面性，也保证了发现和纠正问题的及时性和客观性。其三，手段上的互补性。由于职能差异，国家审计与纪检监察对经济活动监督时使用的手段有所不同。国家审计的处理处罚权相对薄弱，在查找和发现问题后往往是作出审计决定并向主管单位提出相应的处理处罚建议，缺少硬性约束，无法保证审计结果的有效利用。纪检监察虽然可以依法惩处违法违纪人员，但需要以审计结果作为支撑，否则其正当性就会大打折扣。国家审计与纪检监察在监督手段上的有效结合，有助于加大监督力度、提升监督工作效能，进而从整体上提升监督体系的治理效能。

（二）国家审计和纪检监察协作的实践考察

新时代，党和国家面临诸多前所未有的风险和挑战，提升国家治理水平、做好反腐倡廉工作需要不同的监督权力配合协作、共同发力。2003年，为加强纪检监察机关和审计机关在查处案件中的协作配合并充分发挥其职能作用，中共中央纪委、监察部和审计署联合下发《关于纪检监察机关和审计机关在查处案件中加强协作配合的通知》，为相互协作提供了制度保障。从全国范围来看，国家审计与纪检监察协作机制主要有合署办公协作、联席会议制度协作和专门机构协作三种模式：其一，合署办公协作模式。广东省较早对该模式进行了探索，2009年深圳坪山新区建立后，在纪检、监察、审计和社会监督等方面进行了一系列创新，并形成纪检、监察和审计"三合一"的管理体制。此外，重庆、武汉等地也有合署办公的实践。其二，联席会议制度协作模式。相较于合署办公协作模式，联席会议协作模式具有更大的灵活性，受到上海、福建和安徽等地的青睐。在该模式下，地方政府首先需要出台关于加强审计机关和纪检监察机关协作配合的文件，为开展联席会议提供制度基础。联席会议通常每半年召开一次，遇特殊情况，经一方提出可随时召开。会议主要通报审计机关和纪检监察机关工作中有关违纪违法案件的线索和查处情况，分析反腐倡廉工作的新情况新问题以及研究查处案件的责任分工、支持配合和线索移送等具体事宜。其三，专门机构协作模式。目前，天津市纪委设立了审计协调处，在发挥审计"探雷器"和"先行军"作用的同时，最大限度地降低治理腐败的成本和提升治理腐败的效率。审计协调处主要负责对审计机关发现的领导干部问题线索进行研判和排查，以及协调审计机关对纪委发现的需要它提前介入的重要问题线索进行初期审计。该模式实现了真正的无缝对接和有效衔接，不仅将审计机关在国家审计中发现的问题作为纪委查办案件的重要渠道，还为纪委纪律审查、违纪案件查办工作提供了专业支撑。

尽管国家审计与纪检监察协作在实践中取得了一些成绩，但是仍然面临一些问题：其一，协作制度较为粗放。从目前我国出台的有关国家审计与纪检监察协作的文件来看，内容都比较粗放，对于协作依据、模式方法以及一些具体的技术问题，诸如工作环节衔接和人员追责等缺乏细致的规定，由此将大大降低两者协作的工作效果。其二，协作资源有待整合。从实践出发，有些地方国家审计与纪检监察协作流于形式，存在协作不充分、方式单一和行为不规范等问题，导致协作双方无法发挥"1+1＞2"的监督效能。究其根源，在于两者协作的制度标准不够明确，没有突出方式方法、人员共享和信息手段等资源的整合。例如，审计机关与纪检监察机关基于协作关系相互借调人员较为普遍，但借调人可能因主观上脱离本单位监管以及客观上不熟悉借调单位的工作环境等，导致协作效率受到影响。其三，工作重点存在差异。国家审计权与纪检监察权的权力属性不同，因此，审计机关与纪检监察机关的工作重点也有所不同。基于对绩效、政绩等单位利益的考量，双方在工作中都会优先对自己关注的重点领域投入更多的监督力量。同时，囿于双方没有隶属关系，在工作习惯、方式和思维等方面也存在差异，因此增加了协调沟通的成本，即使是联席会议制度往往也难以满足各方利益，在会议决策的落实等方面存在困难。其四，事实认定存在分歧。审计机关与纪检监察机关的监督职能不同：一个着眼于经济活动，旨在维护财经纪律；一个着眼于人，旨在维护党和国家的纪律。两者一横一纵，使得双方可能对同一事实行为的认识，或对同一问题的处理标准并不一致，进而对同一案件事实援引不同的法律法规和定性依据并得出不同的结论。

当前国家审计与纪检监察协作实践中存在的问题，究其根源，主要包括两个方面：一方面，法律法规不健全。目前，我国尚未形成国家审计与纪检监察协作的法律法规体系。在国家层面，虽然《关于纪检监察机关和审计机关在查处案件中加强协作配合的通知》为双方的协作提供了政策支持，但由于立法位阶不高、内容不够具体全面和可操作性不强等，无法完全适应当前审计管理体制和国家监察体制改革的新形势、新要求。在地方层面，各地方尚未依据现有的实践经验形成统一的认识和标准，出台的相关文件权威性不高、内容也存在较大差异，不利于协作工作的顺利开展。另一方面，沟通机制不顺畅。在国家审计机关和纪检监察机关协作办案时，工作方案中的成员分工是双方工作的依据。但当既定分工与实际工作情况不相适应时，双方缺少执行过程动态优化，也缺少执行情况信息互通和反馈。此外，由于思想认识不统一、监督成果共享度不高和工作经验缺乏交流等因素，双方难以对案件展开共同研判。据此，完善法律法规制度、全面深化沟通协作、加强各方理论学习和推进资源协作合力，是新时代完善国家审计与纪检监察协作机制的必然方向。

（三）国家审计和纪检监察协作在国家治理体系中的展望

在我国国家治理体系演进过程中，国家审计和纪检监察经历了一个由各自独立办公到逐步走向联合的过程，初步形成了特色鲜明的国家审计与纪检监察协作机制。[①] 该

---

① 刘学华. 政府审计与纪检监察协作机制：问题与展望[J]. 会计之友，2016（11）：119.

机制促进了反腐败领域的资源共享和优势互补,提高了办案效率和效果,显示出我国执政党与国家高度一体化体制之下独特的制度优势。[①]可以说,国家审计和纪检监察协作在深入推进党风廉政建设和反腐败斗争中发挥了重要作用。

党的十八大以来,党中央愈加重视"国家治理"这一时代主题。党的十八届三中全会将"推进国家治理体系和治理能力现代化"明确列为全面深化改革的总目标。党的十九大一致同意把推进国家治理体系和治理能力现代化写入党章,加强国家治理的顶层设计。当前,我国在经历经济发展和社会转型的同时,已然进入一个高风险时代。在追求国家治理体系与治理能力现代化的过程中,我们会遇到诸多风险,虽然腐败风险非常关键,但它也仅是国家治理风险的一个具体表现形式。政府和市场等诸多主体的治理都可能存在失灵的情况。在审计管理体制改革和监察体制改革的新形势下,我们应当进一步厘清国家审计和纪检监察的关系,做好两者的协调,形成监督合力。同时,为实现协作效果、提高监督效能,两者协调的领域不应再局限于腐败的治理,而是应当向国家治理风险控制的各个领域拓展,哪里有国家治理的风险,哪里就有国家审计与纪检监察的协作。据此,为贯彻落实习近平总书记关于更好发挥审计在党和国家监督体系中重要作用的讲话精神,国家审计和纪检监察协作应站在时代的新高度,直面国家治理体系和治理能力现代化建设进程中的各种风险,重新审视协作的理念、方式和路径等重要因素,实现从单纯的腐败治理向国家治理风险控制的迈进,以防止局部性风险转化为全局性风险。

---

① 马敬仁.我国基层纪检监察审计体制改革的新探索:深圳市坪山新区纪检监察审计"三合一"体制改革的效用分析[J].广州大学学报(社会科学版),2012(8):5-9.

三、审计立法目的

古人云:"立善法于天下,则天下治;立善法于一国,则一国治。"[①] 可见,法律是治国之重器,良法是善治之前提。[②] 如果说立法问题是形成科学的法制体系和良善的法治秩序的"魂魄"和"经脉",而立法目的则是一部法律的"起点"和"归宿",其关涉法律的终极关怀或立足点是什么的问题。通常,一部法律的第1条会开宗明义地阐释立法目的或立法宗旨,以告知大家这部法律是什么以及为什么要制定这部法律。审计法亦是如此,其立法目的关系到整部法律的体系结构和内容设计,具有"牵一发而动全身"的重要意义。

(一) 审计立法目的的应然探讨

法律的制定是为了满足人们在某一领域内的社会活动的基本要求,并以明确、具体的法律规范对相关主体的行为进行指导和评价。简言之,立法旨在发挥法的功能。审计法具有鲜明的行业特征,从功能视角出发,审计立法是立法者为了国民经济和社会持续健康发展而制定的法律,并期望通过法律实施产生积极的效果。我们通常可以从以下两个方面来考察审计法的功能:一方面,从审计法对国民经济和社会发展的贡献和意义来考察,它对国民经济和社会发展具有积极效果,此为审计法的社会功能;另一方面,从审计法对审计活动中参与主体的行为的影响来考察,即它通过对参与主体的行为发挥保障和约束作用进而实现社会功能,此为审计法的规范功能。其中,社会功能主要包括控制功能和治理功能;规范功能包括指引功能、评价功能、预测功能、强制功能和教育功能。[③]

---

① 王安石.临川先生文集[M].北京:中华书局,1959:678.
② 张文显.法理学(第五版)[M].北京:高等教育出版社,2018:225.
③ 理论法学关于法的规范功能,即指引、评价、预测、强制和教育五种功能已有充分、完备的论述,这些经典论述基本可以直接套用于审计法。因此,本书不再对此进行赘述,仅就审计立法目的的社会功能进行探讨。

1. 控制功能

国家现代化进程的基本问题不是自由,而是创立一个合法的公共秩序。[①] 一个有秩序群体的成员之间,不会故意相互侵犯。每当他们的追求有碍于彼此进行必要的避免冲突的调节时,他们就会根据规则来进行调整。[②] 审计法的控制功能,即通过审计立法及其法律适用,协调或调整审计参与主体之间的社会关系和相关的审计活动,解决社会矛盾,维持审计秩序,促进国民经济和社会持续健康发展。法的权威性决定了法律在整个社会调整机制中的主导地位,一切主体的行为都必须以法律为依据。有鉴于此,审计法对审计活动参与主体理所当然地具有控制功能。无论是审计机关还是被审计机关,都不得超越法律的边界,审计法和审计主体之间形成控制与被控制的关系:当审计法发挥控制功能时,审计主体认同、遵守和维护审计法;反之,当审计法缺失或丧失控制功能时,审计主体恐否定、偏离和违背审计法。因此,审计立法要充分考虑如何将控制功能预设其中,并通过实现功能促进形成良善的审计法治秩序。

2. 治理功能

审计法的治理功能,即通过法的形式对审计功能加以确定,实现审计与法的功能契合,使审计监督更加稳定、高效,从而推动法治建设进程和实现国家良好治理。审计法的治理功能主要表现在以下两个方面:一方面,落实审计法对公权力的全面监督。根据社会契约理论,人民让渡部分个人权利给国家,以形成一个强有力的权力机构来保证人民利益和社会良好运行。从效率出发,国家不可能直接使用人民让渡的权利,只能将人民的权利分解给各个代表国家的公权力机关。同时,为了保证这些公共权力机关按照人民意愿行使权力、履行责任,国家又授权专门机关对公共资源、财政和资产等的配置、管理和使用进行监督。现代政治的使命就是对国家的权力加以制约,把

[①] 塞缪尔·亨廷顿. 变动社会的政治秩序 [M]. 张岱云, 等译, 上海: 上海译文出版社, 1989: 8.
[②] E.A. 罗斯. 社会控制 [M]. 秦志勇, 毛永政, 等译, 北京: 华夏出版社, 1989: 1.

国家的活动引向它所服务的人民认为是合法的这一终极目标上,并把权力的行使置于法治原则之下。① 审计作为"以权控权"的制度安排,要求一切公权力都必须接受监督,而审计法则为其提供了法律依据,确保公共权力在法治轨道上运行。另一方面,审计法促进国家治理能力的提升。制度的科学与否是衡量国家治理是否现代化的标准,审计作为一项国家制度,审计法通过合理的程序安排为审计机关依法履行职责提供了行为准则,提高了审计的合法性,表明法制是一种全新的治理术,是一种省力有效、迂回隐蔽的现代治理术。②

(二)审计立法目的的实然探讨

由于《审计法》在国家审计法律制度体系中位居核心地位,其他审计法律法规都是对它的补充或者解释,在立法目的上与它保持高度一致。因此,本书仅对《审计法》的立法目的进行探讨。

审计立法目的构成了《审计法》的灵魂,规范着这部法律的全部条款。《审计法》(2006)第1条开宗明义地对立法目的进行了阐述,即"为了加强国家的审计监督,维护国家财政经济秩序,提高财政资金使用效益,促进廉政建设,保障国民经济和社会健康发展"。2021年修正的《审计法》沿用了该表述。从内容上看,首先,"加强国家的审计监督""维护国家财政经济秩序""提高财政资金使用效益"等表述体现了审计立法的个性化特征,发挥着《审计法》最基础、最直接的制度功能。相较于1995年《审计法》,将"提高财政资金使用效益"纳入审计立法目的,为开展绩效审计提供了法律依据,丰富和提升了国家审计的内容与层次,表明现代审计已经超越"查账""鉴

---

① 弗朗西斯·福山.国家构建:21世纪的国家治理与世界秩序[M].黄胜强,许铭原,译.北京:中国社会科学出版社,2007:1-2.

② 强世功.法制与治理:国家转型中的法律[M].北京:中国政法大学出版社,2003:88.

证"等合法合规审查。其次,"促进廉政建设"从独特的权力监督视角将《审计法》与其他公法部门进行区分。所有政治体制研究的中心是国家性质的问题,而国家研究的中心则是控制和经济责任问题。国家审计制度正是借助具体的专业知识对履行国家经济、社会和政治职能所必需的公共资源进行必要的法律监督以实现权力监督。最后,"保障国民经济和社会健康发展"是审计立法的终极目的,体现了《审计法》应有的宏观目标和价值追求,标志着现代国家审计立法目的向多元化与体系化的方向发展。

在社会发展与法律发展的关系上,我们必须承认社会发展影响、制约和决定着法律发展。法律发展或法制改革往往以即有法律制度存在问题或无法适应社会发展需要为驱动。中国特色社会主义已经进入新时代,说明我国的道路、理论、制度和文化等方方面面都在不断发展。随着新时代的审计需求和现行法的滞后之间的矛盾日益凸显,增强《审计法》对审计现实的回应性便显得尤为重要。从立法技术看,审计立法目的对《审计法》的完善至关重要。设置科学的目的条款,深刻概括国家审计制度所经历的巨大变化,反映理论界对国家审计制度的研究成果,既是我国社会经济发展的呼唤、国家审计实践领域的客观要求,也是《审计法》自身研究深化的一个标志。据此,以现行《审计法》的立法目的为参考,在修改或优化《审计法》的目的条款时,需要对以下四个方面予以强调或明确:

第一,党的领导和审计机关的双重属性。审计是党和国家监督体系的重要组成部分,事关党和国家事业全局,因此,审计工作的开展需要全程置于党的集中统一领导下。从审计制度的发展来看,它产生于党领导革命工作初期并在党的领导下不断发展。由此可见,坚持党的领导是国家审计制度的传统,更是新时代国家审计制度的首要特征。新形势下,审计机关不仅是国家机关,更是政治机关,要在党的领导下开展审计工作,贯彻落实党的基本理论、基本路线、基本方略,通过审计监督推动党的领导和重大决策部署的落实。① 此外，设置《审计法》目的条款要坚持以习近平新时代中国特色社会主义思想为指导，提高审计机关的政治站位，促使其紧紧围绕统筹推进"五位一体"总体布局和协调推进"四个全面"战略布局，依法全面履行审计监督职责。

第二，新时代背景。推进国家治理体系和治理能力现代化，是新时代我国"变法"的基础和前提，任何法律的立、改、废、释都无法离开这一时代背景和历史使命。《审计法》理应反映国家治理理念的最新进展，引领审计制度向纵深发展。作为党和国家监督体系的重要组成部分，审计工作涉及经济建设、政治建设、文化建设、社会建设和生态文明建设等诸多方面，对助推国家治理体系和治理能力现代化意义重大。是故，在《审计法》目的条款中明确"推进国家治理体系和治理能力现代化"，有利于更加完整、科学地表达审计立法目的，实现公民知情权、监督权与政府公权力良性运行之间的有效互动，为社会治理提供新的工具性制度。

第三，审计范围全覆盖。在现代社会，随着公共需求的拓展和公共管理的发展，行政权得以持续地扩展，作为一种平衡机制，国家审计自然获得了更大的存在空间。诚然，审计机关成立之初，首要任务是检查会计信息的真实性，在会计领域打假治乱。② 但随着社会经济的发展，国家审计的职能日益广阔，逐渐超出经济监督的范畴，一些其他方面的职能正根据政治经济等外部环境的变化在不断地进行调适和完善。相对应地，审计监督的范围也在逐步拓展，深入财政、金融、投资、行政和公共事业等方方面面。在新时代，我们不能局限于财政、财务收支及相关经济活动的"合规审计"，还要加强对包括政府在内的一切公共管理部门的"绩效审计"，甚至对被审计机关贯彻落实国家政策和重大决策部署的情况以及政策本身进行"政策审计"。据此，公共资金、国有资产、国有资源、领导干部履行经济责任情况和国家重大政策措施落实

---

① 王晓红. 新时代国家审计的政治功能研究[J]. 西安财经大学学报，2020（3）：53-61.
② 李金华. 中国审计25年回顾与展望[M]. 北京：人民出版社，2008：8.

情况等全都应当纳入国家审计监督范围，而"审计范围全覆盖"的要求也应当在立法目的条款中予以呈现。

第四，"廉政建设"的立法表述。随着社会经济的发展，促进廉政建设这一表述与新时代的发展要求不相适应，有待进一步修正：一方面，"廉政建设"不是法律语言。"廉政建设"更像是一个政治生活和日常用语，从立法技术看，该表述不具备严谨、明确的法律内涵。政治生活和日常用语具有任意性和不确定性，因其宽泛而容易产生歧义，应当尽可能用具有严格性和确定性的法律语言来矫正。[①] 另一方面，"促进廉政建设"无法全面体现审计监督的工具性价值。诚然，将"促进廉政建设"写入目的条款是《审计法》发展史上的重大突破，但在新时代，"廉政建设"仅是推进"国家治理体系和治理能力现代化"建设中的一项具体任务，两者是"点"与"面"的关系。该表述除体现人们对政府廉洁的要求以外，无法回应人们对一个"制约权力和保障权利"的政府的深切期望。

第三节　国家审计属性的识别

一、国家审计的本质

本质是事物本身所固有的根本属性，是对事物内涵的总体概括，它对事物性质和发展趋向起决定性作用，解决事物"是什么"的问题。本质与现象不同，它无法从事物的外表获取，而需要通过抽象思维、深入剖析和全面总结才能获取。关于国家审计的本质问题，学界尚未形成统一定论，但已对该问题进行深入研究并形成诸多有价值的观点。

---

① 刘爱龙. 立法的伦理分析 [M]. 北京：法律出版社，2008：296.

（一）国家审计本质的论断

第一，经济监督论。国家审计的本质是一种独立的经济监督活动。受托经济责任关系是国家审计产生和发展的社会基础。与现代公司所有权与管理权分离一样，受托经济责任关系是基于国家所有权与经营管理权的分离而确立的。审计机关接受社会公众委托，对政府是否履行受托经济责任及其履行效果进行确认、证明和评价。可以说，没有国家审计，社会公众就无法知晓政府履行受托经济责任的情况，政府的经济责任就无法落实，受托经济责任关系就无法维系。该理论强调国家审计的经济监督作用，聚焦政府财政收支及其相关经济行为中的违法违规行为，属于事后监督范畴，这种监督对社会公众和政府都是十分必要的。

第二，经济控制论。经济控制论也是基于受托经济责任而产生的，它认为国家审计是一种特殊的经济控制，即通过对受托经济责任的履行过程进行控制，以保证经济责任全面、有效地履行。根据卢梭在《社会契约论》中的观点，公共力量必须有一个适当的代理人把它结合起来，并使它按照公意的指示而活动，这个代理人就是国家。当人民选择作为国家法律的服从者时，其也就从之前能够参与主权权威的"公民"身份转化为"臣民"身份。[①] 囿于缺少能够与政府相提并论的社会组织，社会公众不可能像企业的委托人一般，随意地改变与政府之间的委托关系，加上政府也是理性的"经济人"，因此，仅依靠国家审计监督很难避免政府的机会主义行为，还需要对其"纠偏"。国家审计本身可视为一种重要的经济调控机制，通过将政府在经济活动中出现的问题向社会公众通报，使被监督对象及时置于社会舆论的监督场域下。如此，即便审计机关不享有处理处罚权，一定程度上也能够达到监督的效果，并以此形成对政府经济行为的有效控制。可以说，国家审计就是控制经济运行的"调节器"。

---

① 卢梭.社会契约论［M］.何兆武，译.北京：商务印书馆，2003：21.

第三，问责机制论。根据受托经济责任，受托管理并有权使用公共资源的政府和机构负有向社会公众说明其全部活动情况的义务，以证明它们取得或使用公共资源的正当性。责任政府是现代国家的基本要求，为提高政府和公共机构的责任意识和执政能力，政府应当对社会公众负责并接受其问责。否则，在利益动机、集体行动和权力膨胀等驱动下，政府难以主动地履行职责或承担责任。问责机制论认为，国家审计在本质上是一种防范与纠正机会主义行为的问责机制，可以实现政府和公共机构从"以人管人"到"以制度管人"，从"无序监督"到"有序监督"，从"权力主体"到"责任主体"的转变，进而对社会公众和自身行为负责。

第四，权力制约论。为什么政府应当受到监督？因为政府是拥有公共权力和公共资源的主体。腐败的根源在于权力，权力具有天然的扩张性，绝对的权力导致绝对的腐败，如果不受制约，其必然走向专横或腐败，进而威胁社会公众的合法权益。是故，人类社会需要大力倡导"以权控权"或"权力制约"的理念，并辅之以有效的制约机制，避免权力异化或滥用。现代意义的国家审计是检查监督制约公共权力运行和公共资源配置使用的实践活动。换言之，国家审计就是一种对权力的制衡机制，以保证信息供给权、管理决策权以及资源配置权等权力的运行，这些权力均属于公共权力范畴。权力制约论以制约与监督公共权力为逻辑起点，将国家审计的本质视为权力制约权力的行为，而审计的过程则是权力均衡配置的过程。

第五，民主法治论。国家审计与民主法治之间存在高度耦合和良性互动。一方面，国家审计是民主法治的产物。纵观近现代审计发展史，国家审计的发展无不与民主法治建设密切相关，只有当民主法治发展到一定阶段，社会公众才可能授权国家审计机关对政府及其部门或其他公共机构进行监督，并将审计结果公之于众。同时，纳税人据此知晓让渡财产的使用情况和使用绩效，也是对民主法治的落实。另一方面，国家审计推进民主法治建设。从保障国家的一切权力属于人民和社会主义民主政治建设重要内容的角度，审计的终极目标就是维护人民群众的根本利益。国家审计必须依法开展，由宪法直接规定国家审计的地位，法律对其范围、标准和依据进行细化和明确。作为国家监督体系的重要组成部分，国家审计则可以通过发现与揭露问题倒逼各项制度完善，进而维护法律权威，推进民主法治建设。

第六，"免疫系统"论。政府受托责任包括经济责任和社会责任。经济社会的健康运行需要包括审计系统在内的多个系统共同推动。其中，审计系统应类似于一个"免疫系统"，促进政府积极主动地履行受托责任，并预防、揭示、抵御经济社会运行中的各种风险。为保障经济社会的健康运行和受托责任的正常履行，国家审计需要在"免疫系统"中发挥防御性和建设性两个方面的作用：前者主要通过揭露、制止等手段，制约经济活动中的消极因素和违法违规行为，对国家财产和经济建设起维护、保护等作用；后者主要采用调查、评价和提出建议等手段，发挥在推动制度建设、促进行业发展和完善宏观政策等方面的作用。总之，该理论基于受托责任观认为，国家审计在本质上是维系国家经济社会健康、有序运行的"免疫系统"。

第七，国家治理论。从历史视角检视，国家审计的产生与发展是基于国家委托代理关系的产生与维系，其最初的基本职能就是在委托代理关系中承担监督职能，以促进国家经济管理和政治管理目标的实现。国家治理的本质是通过国家属性及其职能的发挥缓解社会矛盾，维持社会秩序。国家治理首要的和最基本的目的是维护政治秩序，保证政府能够持续地对社会资源进行有效的权威性分配，阶级性和社会性是国家治理的根本属性。国家审计属于国家基本政治制度的范畴，是国家治理的重要组成部分。可见，国家审计的产生和发展源于国家治理的需求，是国家治理大系统中的一个"免疫系统"，是国家治理的基石和推动国家治理现代化的重要保障。[1] 国家治理论以国家

---

[1] 刘家义.中国特色社会主义审计理论研究（修订版）[M].北京：商务印书馆，2015：8-9.

起源论中的契约理论作为逻辑起点：国家是人与人之间签订社会契约的结果，而这份契约往往以法律的形式来体现国民公意。政府作为国家和国民之间的中介组织，就成了国民的代理人并在其公意指示下行使权力。然而，囿于有限理性和交易费用等条件限制，契约无法预见未来的所有情况，或者即使能够预见也无法将其全部写进契约，因此，这种契约注定是不完全的。为解决不完全契约下的代理问题，往往需要设立专门监督机构或设计相关治理机制予以配合，以协调和均衡各方利益。总之，国家治理理论旨在处理契约理论下契约外剩余权力的分配问题，作为一项独立的经济监督活动，国家审计受托并体现人民的意愿、协调利益冲突，助力国家、社会的良好治理。

（二）对国家审计本质论断的评述

第一，经济监督论。改革开放以来，在效率优先的原则指引下，我国大力发展经济，由此决定了国家审计要以维护财经法纪和保障经济健康为中心。因此，经济监督论符合特定历史时期审计机关的工作水平和审计环境的现实情况。国家审计的范围几乎覆盖了所有的权力部门，便于发现具有普遍性和规律性的问题，从宏观角度提出改进制度和完善政策的建议，并通过制度和政策的完善实施对权力的监督。因此，国家审计是对权力进行监督的长效机制，审计机关是在宪法层次上唯一被赋予经济监督权，专司经济监督职能的机构。[①]但经济监督论很难将审计监督同其他经济监督形式相区分，从而无法反映国家审计的根本属性。况且，随着经济社会的不断发展，审计的内容和范围也会随之拓展，并远远超出经济监督论所涵盖的范围。在此背景下，从外在行为认识、探讨"审计是什么"，容易忽略审计固有功能的内在属性，落入工具理性的窠臼。更重要的是，经济监督论将视角局限于具体的经济审计工作，对国家审计的建

[①] 审计署科研所课题组. 论国家审计对权力的监督[J]. 审计研究, 2003(5): 24.

设性作用的抽象概括远远不够。

第二，经济控制论。如果说经济监督论是对政府受托经济责任的"检查"与"证明"，那么经济控制论还包括对政府的"问责"。监督是控制的一种工具并为控制服务，因此，经济控制论更加准确地揭示了国家审计的本质。但经济控制论延续了经济监督论的局限，将审计的作用限定在经济领域，对其在非经济领域的作用关注不够，难以导出现代审计的全部职能。审计人的纠偏，也只是间接纠偏。该理论指导下的审计目标仍然是聚焦政府具体经济行为是否真实、合法，属于事后监督的范畴。

第三，问责机制论。审计问责，是对审计结果中涉及的组织或个人使用公共资金的情况以及使用的效率效果的一种社会交待和责任追究体系。问责机制论以"问"的"制度化"来保障被审计机关"权责对等"，有利于政府及其部门责任意识和执政能力的提高。可以说，问责机制论蕴含了责任政府的深刻内涵和时代要求，是一种理念和思想上的进步。遗憾的是，该理论仍然聚焦经济领域和工具价值，将国家审计视为服务于行政问责的手段。

第四，权力制约论。权力制约论从政治学视角对国家审计的本质进行抽象和概括，认为其是一种权力制约工具。该理论是对前述理论局限于经济领域的一种突破，对国家审计本质的研究开始向非经济领域延伸，但仍然带有较强的工具理性。此外，权力制约论是一个适用面很宽的范畴，权力相互制约是建立国家治理结构的基础，而审计机关只是其中一环。更重要的是，权力制约论的前提是权力的并列，其尚不能合理地解释我国国家审计机关隶属于国家行政部门的现实。

第五，民主法治论。民主法治论从政治和法律的视角对国家审计的本质进行了探讨，强调了国家审计的缘起，论证了国家审计与民主和法治之间的辩证关系，即审计过程体现了人民意志并维护人民的根本利益，审计监督权为人民服务、促进民生发展。可以说，该理论不仅从本质上剖析了国家审计的内在属性，还从外在功能上阐释了国家审计的职责,对中国特色社会主义制度建设具有重要的指导意义。当前,中国特色社会主义制度下民主法治的核心是党的领导、人民当家作主和依法治国的有机统一。但是该要求亦适用于任何其他国家机构,把具有普适性的要求作为国家审计的本质是值得商榷的。此外,民主法治论对古代审计制度的解释力较弱,在长达一千多年的中国封建王朝中,"普天之下,莫非王土;率土之滨,莫非王臣",不存在什么民主,但审计却存在和发展着。[①]

第六,"免疫系统"论。"免疫系统"论是以比喻的方式概括国家审计的本质,我们不能简单地把国家审计定义为国家治理体系中的"免疫系统",其规范的表述应是发挥审计监督在保障国民经济和社会健康发展的免疫系统功能。该理论将国家喻为一个有机生命体,它需要一个免疫系统来预防、揭示和抵御经济社会运行中各种可能出现的"疑难杂症",而国家审计则是该系统的重要组成部分。"免疫系统"论强调审计的预防和修复作用,并且认为预防是首要的,促使国家审计由事后监督向事前、事中和事后全过程监督转变,由被动监督向主动监督转变。随着"免疫系统"论的提出,学界基于国家审计在经济社会中的角色定位和功能发挥,对其本质的探讨从立足被审计单位的微观视角转向经济社会运行的宏观视角,不仅丰富了国家审计的内涵、拓展了审计工作的外延,还进一步揭示了审计的本质,可谓理论研究上的重大突破,但此时的国家审计仍然没有超出审计"工具主义"的范畴。

第七,国家治理论。国家治理论以社会契约论作为理论基础,强调了政府与人民之间的契约关系,是对既往受托责任理论的进一步追根溯源。社会契约论作为现代公民社会的理论基础,为国家审计向公民主导的转变提供了理论依据。国家审计源于国家治理,国家治理决定国家审计。例如,国家治理的目的之一在于实现各方利益的均

[①] 董大胜. 论国家审计产生的基础 [J]. 审计研究, 2020 (2): 5.

衡和协调，因此，国家审计需要在这个过程中去平衡权力和权利以及协调冲突和矛盾，由此推进国家、社会的良好治理。国家治理论不仅回答了"审计是什么"，还涉及"为什么审计""审计谁""审计什么""谁来审计""如何审计"以及"审计成果如何应用"等一系列的基础性问题。该理论认为国家审计是出于国家治理的客观需要，目标是更好地为国家治理服务，可谓对既往研究理论的概括和升华，其最大的亮点在于不再使用"工具"或"手段"等词汇来描述审计的本质，突破了审计"工具主义"的认识局限，实现了由工具理性向价值理性的迈进。总之，国家治理论是对国家审计本质最全面、最深刻的认识，不仅实现了逻辑自洽，还能够在现实经验和历史变迁中接受检验。在新形势新要求下，它是对中国特色国家审计法律制度的更高定位，对促进全面提高审计工作水平具有重要的现实指导意义。

二、国家审计的职能

如果说国家审计的本质和目标分别回答了"审计是什么"和"为什么需要审计"，国家审计的职能就是回答"国家审计需要做什么"。国家审计的职能是审计在社会分工中的角色定位，是国家治理对国家审计的要求和期待。当然，国家审计的职能不是一成不变的，随着国家治理结构的变化，国家审计的职能也会被不断地赋予新的内涵。

关于国家审计职能的研究，一直是学界探讨的热点议题，主要的观点有：其一，经济职能。经济职能包括经济监督、经济评价和经济鉴证三个方面。经济监督是经济职能甚至国家审计职能中最传统和最主要的职能，即以批判性眼光检查被审计单位在经济活动中是否按授权或既定目标履行经济责任，以及是否存在弄虚作假、违法违规等偏离法定范围的行为，并督促其采取措施加以改进，确保其依法行政、依法管理或依法经营。经济评价是审计机关在履行经济监督职能的同时，对某些管理职能的履行情况作出的评价，如被审计单位经济效益的优劣、内部管理制度是否健全有效等，并提出改进的建议。经济鉴证是对被审计单位的经济活动和有关资料的实际状况、运行水平和管理绩效等进行证实。其二，政治职能。新时代，党对审计工作的领导日益加强，国家审计的政治属性愈加突出。可以说，政治性是新时代国家审计权的首要属性，审计机关是业务机关但首先是政治机关。国家审计是经济监督但服务于政治监督，运用"政治统治、政治管理、政治参与、政治传播"的分析框架，国家审计的政治功能涉及维护政治安全、维护法治秩序、监督制约权力、规范财政经济秩序、维护社会公共利益、促进政策制度落实、反馈宏观管理情势、公民及民主党派政治参与和国内国际政治传播等具体内容。[1] 其三，社会职能。国家审计是国家治理的重要组成部分，新时代，国家审计职能已经逐步自经济监督向国家治理"免疫系统"转变。国家审计服务国家治理的职能主要包括"鉴证"和"问责"：前者是对国家账目、政府综合财务报告、部门预算执行情况以及政府财政事项与信息授权发表的证明意见；后者是通过绩效审计以及延展出的项目评估、政策审计、经济责任审计以及反腐败审计等形式发挥作用。[2]

在经济生活日趋复杂、社会日益进步、科技高速发展的今天，国家审计的职能也必然需要发展，不可能一直停滞不前。党的十八大以来，我们党领导人民统筹推进了国家治理"五位一体"的总体布局。在推进国家治理体系和治理能力现代化的新形势新要求下，亦可从经济、政治、文化、社会和生态五个方面来探讨国家审计的职能：其一，经济职能。无论是传统审计，还是现代审计，其基本职能都是经济监督。国家审计旨在监督公共权力运行，对公共资金、国有资产、国有资源和领导干部履行经济责任情况实行审计全覆盖。从作用或目的出发，国家审计经济职能主要体现在评价、

---

[1] 王晓红. 新时代国家审计的政治功能研究［J］. 西安财经大学学报，2020（3）：53-61.
[2] 周维培. 从"鉴证"到"问责"：全球视野下国家审计服务国家治理的路径分析［J］. 审计研究，2019（4）：3-10.

鉴证和问责三个方面：发挥评价作用，即通过对被审计单位的经营决策、资金事业、政策效果和内部控制等情况开展经济评价，根据评定结果提出改善的建议；发挥鉴证作用，就审计的账务状况、查账报告和执行情况等事项与信息，出具书面证明，为其他利益相关者作出决策或评价提供依据；发挥问责作用，通过绩效审计、经济责任审计和政策跟踪审计等形式发挥该作用。其二，政治职能。作为党和国家监督体系中的重要组成部分，国家审计通过开展独立专业的第三方监督，用一种权力去监督和制约另一种权力的运行，不允许任何组织或个人有超越法律的权力。国家审计的政治职能与审计机关的角色密切相关，审计机关不仅是国家机关，更是政治机关，在党的领导下依法开展审计工作，贯彻落实党的基本理论、基本路线、基本方略，通过审计监督推动党的领导主张和重大决策部署的落地落实。在审计实践中，政治职能主要体现在两个方面：一是发挥政治宣传媒介作用，即充分认识宣传思想工作是审计工作的"软实力"，通过开展审计工作，强化宣传、传递信息，更好发挥审计监督服务改革发展稳定大局的积极作用；二是拓宽社会各界参与国家治理的渠道，即通过审计结果公开等制度，能够为社会公众、媒体舆论以及其他党派监督政府行为、参与政府决策提供专业支持和信息服务。其三，文化职能。国家审计有利于促进文化事业的发展，国家审计通过对文化建设资金的分配、投入及使用情况进行监督，提高文化建设资金的管理水平和使用效益，切实保障文化建设所需财力。其四，社会职能。在社会治理方面国家审计发挥着不可替代的作用，致力于保障和改善民生水平。民生审计一直是国家审计工作的重点，是国家审计社会职能的重要体现。通过民生审计，不仅可以有效监督教育、医疗、就业、住房和养老等民生项目的情况，还可以分析各项民生资金使用的合法性、合理性及效益性，并以此来评价民生政策的落实情况，进而力促民生工作的进一步改善。其五，生态职能。国家审计的生态职能主要通过资源环境审计来实现。资源环境审计在助力打好污染防治攻坚战、推动构建现代环境治理体系、加快推进美丽中国建设等方面发挥了重要的监督和保障作用。①

三、国家审计的权威性

从国家本质的视角出发，无论是马克思主义国家理论抑或是西方国家理论，阐述或解决的都是公共权力的产生及其对私权的干涉范围和程度问题。②恩格斯认为，国家形成的本质是创设一种权力，即社会中产生但又自居于社会之上并且日益同社会相异化的力量。国家权力的垄断性、资源的稀缺性、人的自利和权力膨胀的天然本性等，决定权力问题是管理国家或国家治理的核心问题。③作为与权力紧密相连的政治学核心概念，权威的基本意义有以下三种：一是使对象自愿服从的能力；二是具有合法性的权力；三是使对方信从的影响力。引申而言，虽然权威不像权力那样直接，但其作为一种间接的影响力同样能够使人顺从。进一步说，权威能使权力的作用和效果倍增且可以明显地降低权力行使的成本，其作用和影响的空间范围远甚于权力。④根据社会契约论的观点，国家权力源自社会私主体的权利让渡，以便政府能够在治理国家的过程中履行提供公共管理和公共服务的职责。可见，私主体让渡权利是国家获取、使用权力的正当性理据。历史反复证明，权力具有天然的扩张性，在不受制约的情况下就会不断地打破原有的界限和范围，进而导致腐败和专制。因此，为保障国家权力合法、有效运行，要把权力关进制度的笼子里，即加强对国家权力的必要限制，保证权力运行遵循一定的界限、规则和程序，既与私主体的权利保持相对平衡，又能够改善它对私主体权利的影响和作用方式。而在现代"多一些治理，少一些统治"的政治条件下，

---

① 郭鹏飞.中国资源环境审计的发展历程、理论表征与实践深化［J］.重庆社会科学，2021（3）：6.
② 尹平，戚振东.国家治理视角下的中国政府审计特征研究［J］.审计与经济研究，2010（3）：10.
③ 戚振东，曹小春.国家审计与国家治理体系：一个理论分析框架［J］.东南大学学报（哲学社会科学版），2018（7）：25.
④ 俞可平.权力与权威：新的解释［J］.中国人民大学学报，2016（3）：42-44.

强制服从的权力转变为自愿顺从的权威,则是官员的权力本位转向公民的权利本位这一实质性转变的前提。

国家治理是以公共资源来为社会公众提供服务,这里有两个主体问题无法回避,一是"谁来提供服务",二是"为谁提供服务"。很显然,国家治理的主体并非为自己,而是为他人提供服务,因此,这里就存在一个委托代理关系,提供服务的治理主体是受托人,而接受服务的公共资源提供者是委托人。更进一步讲,委托人将公共资源交给受托人,希望受托人提供一定数量和质量的特定公共服务,受托人即对委托人承担了一种公共受托责任。[1]当然,现实中的受托人不可能像理论描述的那样真正地、完全地按照委托人的要求来履行责任,归根结底源于受托人的自利性和有限理性:其一,自利性,自利性可能促使受托人在履行职责时偏离既定目标,为谋取自身利益而损害委托人的利益;其二,有限理性,有限理性可能导致受托人因能力问题无法很好地履行公共受托责任。[2]据此,为了应对受托人的自利性和有限理性所衍生的问题,委托人往往需要构建诸如监督机制、激励机制和制衡机制等一系列治理机制。正如国家权力本质理论的阐释,国家所有者(委托人)及其受托人管理国家即是规范、限制和有效促进国家权力的行使。国家权力由权力受托人行使。国家所有者及其受托人围绕权力选择和建立一系列制度,用制度规定权力受托人的目的任务,划定权力受托人的行为空间,从而能够综合利用强制性和非强制性力量监控权力主体有效地履行职责、利用所赋予的权力和治理资源提供治理服务,达成国家目标。[3]

国家审计是治理机制的重要因素之一,它主要发挥问责的作用,其核心内容是明

---

[1] 郑石桥,刘庆尧.《审计法》涉及的若干基础性问题的再思考:基于十九大报告的视角[J].南京审计大学学报,2018(1):9.
[2] 郑石桥.国有资源经管责任、人性缺陷和政府审计[J].会计之友,2015(11):131.
[3] 戚振东,曹小春.国家审计与国家治理体系:一个理论分析框架[J].东南大学学报(哲学社会科学版),2018(7):26.

确代理人公共受托责任的履行情况。并且，它能够凭借其法治权威性发挥问责的作用，以此对被审计对象（相关代理主体）产生足够的威慑。国家治理为何内在需要国家审计制度？从历史的角度看，国家审计是经济社会发展到一定阶段的产物。私有制催生了剩余产品，不同群体对社会资源的占有及其对社会劳动的贡献开始出现差异。这种差异随着私有制的发展而日益增大，待国家出现后，生产力得到进一步发展，国家成为最大的财产占有者。由于国家不可能对所有经营管理活动"亲历亲为"，为维持国家机器的正常运转，统治者试图改变经营管理模式，实现由直接管理向委派他人间接管理的转变。财政所有权和经营管理权的分离促进了生产力的进一步发展，也催生了新的责任和新的生产关系——受托经济责任和受托经济责任关系。如前所述，为厘清受托经济责任关系以及保障受托经济责任顺利履行，我们需要构建一系列制度或机制，而审计是适应国家管理或治理内在需求的一种重要制度安排，我们可以从财产占有者（委托人）和财产管理者（受托人）两个视角进行分析：从财产占有者的视角看，其将经营管理权交给受托人，受托人能否按照它的意志从事经营管理活动并不十分明确，而财产占有者受精力、能力和技术等因素制约，不可能对管理者的履责情况进行全面检查，这个时候就需要一个独立的第三者来从事这项工作；从财产管理者的视角看，对于自己是否有效地履行了经济责任，财产管理者需要通过一定方式向财产占有者进行证明，以解脱自己的经营管理职责。由于财产管理者的内部评价和财产占有者的外部评价都可能存在公正性和专业性方面的疑惑，因而需要引入具有专业技术和专业能力的第三方评价。

可见，受托经济责任反映了以财产占有者为代表的社会需要，审计源自受托经济责任关系，国家审计亦是一种对受托经济责任的监督行为。在现代社会中，国家审计是人民对国家管理者承担的公共受托责任进行的监督行为，公共责任的主体是立法机构和政府及其公共资产具体管理者，其范围是公共资产领域，内容包括事项责任和报告责任。国家审计是受托经济责任关系在政府公共管理领域的延伸,正是基于人民的同意,国家审计的权威才具有了合法性和正当性,才能够据此对被审计单位开展相应的检查、监督和评价活动。

根据权力制约理论,国家审计权旨在实现权力制衡。从世界范围来看,各国的国家审计无论采用何种形式,立法型审计、司法型审计、行政型审计,还是独立审计,都是为了满足监督制约权力的现实需要。需要强调的是,国家审计权是一种有限的权力,它更多的是一种对责任的检查和证明,而非直接对审计查出的问题进行处理,由此国家审计权威的实际作用会受到较大限制。"有权必有责,用权必受监督",作为专门"以权控权"的权力,同样也应成为权力制约的对象。据此,要完全依靠权力制约解决公权力滥用的问题显然是不够的,还需要其他外部的监督制约机制予以配合。

第四节 迈向全面覆盖的国家审计及其立法思想

1961年,著名审计学家莫茨(Mauts)和夏拉夫(Sharaf)指出,如何界定审计人员提供服务的恰当范围是突出的悬而未决的问题之一,因为审计范围的扩大意味着审计责任的增加。[1]审计是否需要全覆盖?这个问题似乎自审计理论产生以来就充满了争议。由于国家治理的需求决定了国家审计的产生,国家治理的目标决定了国家审计的方向,国家治理的模式决定了国家审计的制度形态,对审计全覆盖基础理论问题的研究离不开特定的时代语境。随着中国特色社会主义进入新时代,国家审计在国家治理中的作用与日俱增。2013年10月,李克强总理在国务院常务会议上首次提出要实现

---

[1] 白华.论政府审计全覆盖的内涵与边界[J].财会通讯,2019(10):14.

审计全覆盖。①2014年10月,《国务院关于加强审计工作的意见》指出,为促进国家治理现代化和国民经济健康发展,应当对政策措施落实情况,以及公共资金、国有资产、国有资源、领导干部经济责任履行情况进行审计,实现审计监督全覆盖。2015年12月,中共中央办公厅、国务院办公厅印发《关于完善审计制度若干重大问题的框架意见》及相关配套文件,明确指出要实行政府审计全覆盖。2017年10月,习近平总书记在十九大报告中指出要构建决策科学、执行坚决、监督有力的权力运行机制,要改革审计管理体制,构建党统一指挥、全面覆盖、权威高效的监督体系,坚持反腐败无禁区、全覆盖、零容忍。据此,加强审计全覆盖基础理论研究迫在眉睫。如何理解审计边界?如何认识可审性理论?传统国家审计和新型事项的可审性如何?国家审计如何在权力运行中发挥全覆盖的监督作用?审计立法如何体现审计全覆盖的需求?这一系列问题都需要在理论上作出回答。

一、审计边界

(一) 审计边界的概念界定

在理论上,研究审计边界的首要问题是"审计边界是什么"。有学者直言,国家审计边界意味着某一界限内的事项即属于国家审计的范畴,而界限外的事项则不属于。②也有学者将现有研究进一步分为审计权限边界、审计成本边界和审计道德边界三个方面。③这样的认识比较宽泛,在有关审计边界的研究中,某些研究内容的价值并不突出或者说并非重点。例如,在审计主体边界方面,审计主体只能是享有国家审计权力的

---

① 国务院办公厅. 李克强主持召开国务院常务会议 [EB/OL]. (2022-04-15). http://www.gov.cn/guowuyuan/2013-10/08/content_2591080.htm.
② 罗欢平. 论国家审计的边界 [J]. 经济问题, 2018 (5): 88.
③ 徐京平, 骆勇, 张秦. 国家审计、审计质量与审计边界: 一个文献综述 [J]. 学术界, 2016 (7): 51.

各级审计机关,其代表和行使着国家的意志和权力。所谓广泛发动人民群众参与审计活动,扩大审计主体范围,实现全社会参与的审计,并不能被称为国家审计。又如,在审计成本边界方面,有研究认为审计成本是开展审计工作的基础,在审计过程中不能过分强调"一查到底",必须充分考虑审计的成本问题。这种观点显然借鉴了新制度经济学的交易费用理论,但是,在全面推进国家治理体系和治理能力现代化建设的进程中,我们不能一味地计较审计成本与经济效益的关系,尤其是在审计实践不断积累、审计队伍职业化建设不断加强以及审计相关制度不断完善的背景下,审计成本已经得以大幅度降低,我们更应当关注审计工作开展的治理效果和社会效益。

据此,本研究所探讨的审计边界是一个狭义层面的概念。它不是审计实施主体的边界,也不是审计成本控制的边界等,而是国家审计活动的边界。它研究的是"审什么"的问题,即国家审计活动的对象或业务边界。所谓边界,即界限,审计边界意味着界限内的事项均属于国家审计范畴,而界限外的事项则不属于国家审计范畴。《审计法》第2条的规定对法学研究者来说,是有关调整对象或适用范围的规定;但对审计学研究者而言,即为对国家审计边界的说明。[①] 近年来,审计监督力度不断加强,审计的监督对象和范围不断拓展,审计监督内容不再局限于财政收支、财务收支审计,国家审计的实践早已超过《审计法》所规定的范围,如重大政策措施执行审计、自然资源资产离任审计、农村集体经济组织审计等,这有待从法律层面进行规范,重新明晰审计范围和明确审计责任。总之,随着社会经济的发展和国家治理模式的转变,国家审计的边界在持续拓宽,审计立法理应及时跟进。

---

① 《审计法》第2条规定:国务院各部门和地方各级人民政府及其各部门的财政收支,国有的金融机构和企业事业组织的财务收支,以及其他依照本法规定应当接受审计的财政收支、财务收支,依照本法规定接受审计监督。审计机关对前款所列财政收支或者财务收支的真实、合法和效益,依法进行审计监督。

（二）审计边界的维度界定

审计全覆盖是国家治理的内在要求，国家审计是对政府所采取的控制活动的再控制。可以说，国家权力与审计监督的运行轨迹存在高度的一致性。但是，国家审计并非万能，不能"包打天下"，不应超越本身的职能和基本性质以及法定的权限与业务边界去承担无法实施的任务和无法履行的责任。国家审计的基本职能和法定权限是需要边界的，本书反对"审计无边界"的观点。关于审计边界的研究，学界主要形成了以下五种观点：其一，人民利益论。坚持"以人民为中心"是新时代坚持和发展中国特色社会主义的根本立场。国家治理始终坚持把人民利益摆在至高无上的地位，不断保障和改善民生、增进人民福祉。据此，人民利益论将国家审计视为国家治理的手段之一，认为审计边界的唯一界定标准在于人民利益，即人民利益的边界在哪里，国家审计的边界就在哪里。其二，财政资金论。财政资金论源于对各国审计法律法规的考察。作为一种制度化问责手段，审计边界的确定需通过法律法规授权，而各国法律法规几乎均将财政或公共资金的运行作为审计问责的核心内容。[1]例如，《宪法》与《审计法》明确将政府及其各部门的财政收支和国有的金融机构和企业事业组织的财务收支以及其他应当接受审计的财政财务收支等作为审计问责的法定边界。可见，审计问责的边界与财政资金的运行边界几乎相同。其三，二维边界论。二维边界论将人民利益论和财政资金论视为一维界定，认为高效的国家治理需要审计问责构建一个由财政性资金维度、公共利益维度所组成的"弥散型"的二维边界区域。也就是说，国家审计活

---

[1] 例如，美国《1921年预算和会计法案》第312节（a）：……主计长有权调查所有与公共资金的收入、支出和运用有关的事务……《美国政府审计准则》（2007）1.01：……各种类型和范围的审计及鉴证业务都就管理责任、绩效及运行成本提供独立、客观、无偏见的评估。又如，《日本国宪法》第90条：国家的收支决算，每年均须经会计检查院审查……《会计检查院审计法》第20条：1. 会计检查院有权对每年国家收支决算和法律规定的其他账务进行审计。2. 经常对公共账户进行审计和监督……参见雷俊生. 试论国家治理视角下的审计问责边界[J]. 天津财经大学学报，2012（8）：53-54.

动就是实现财政性资金的公共利益最大化活动。[①]其四，公共产品论。该理论认为，随着公共产品供给主体从一元化向多元化转变，如果将市场主体自愿提供的公共产品排除在审计边界之外，则无法反应社会公众的诉求。是故，国家治理应从善政向善治转变，这就要求国家审计拓展其边界，与公共产品供给主体多元化环境下的国家治理相适应。[②]据此而言，公共财政供给的公共产品、资本市场供给的公共产品、资源资本供给的公共产品都应该受到国家审计的监管。其五，公共权力论。国家审计促进国家良治的路径就在于对公共权力的监督，实现对公共权力的有效约束，防范权力寻租行为的发生。是故，公共权力论认为国家审计的经济域限与公共权力的作用边界是一致的，公共权力行使到什么领域，国家审计的经济域限就会延伸到哪个领域。[③]

上述认识从不同的视角或维度对审计边界进行了界定和论述。其一，人民利益论肯定了"人民利益"的根本性，能够发挥审计监督在维护人民利益方面的重要作用，有助于提高审计责任意识、扩大审计问责范围和增强审计问责的控制力，尤其是加大对重点民生资金和项目的审计力度。但是，何谓"人民利益"？这一概念在内涵和外延上的模糊使得该观点不具有可操作性。如果坚持以模糊的人民利益作为界定标准，必然导致审计边界的确定要么混淆不清，要么过于宽泛，审计机关则可能推诿责任或难负其重。其二，财政资金论容易被普遍理解和接受，一是它符合世界上大多数国家审计相关法律法规的规定，二是财政资金在运行上具有客观性与定位性。但是，财政资金不同于财政性资金：前者基于政府管理视角，它是指一定期间内，一级政府为了实现其治理目标，直接分配和使用的货币资金；[④]而后者则基于国家治理视角，除财政资

---

① 雷俊生.试论国家治理视角下的审计问责边界[J].天津财经大学学报，2012（8）：52-53.
② 靳思昌，张立民.国家审计边界的定位：公共产品供给主体演进视角的分析[J].审计与经济研究，2012（4）：14.
③ 晏维龙.国家审计理论的几个基本问题研究：基于多学科的视角[J].审计与经济研究，2015（1）：9.
④ 雷俊生.试论国家治理视角下的审计问责边界[J].天津财经大学学报，2012（8）：54.

金以外，它还包括一些具有公共性质、能满足公共需要的预算外资金或政府性债务。显然，财政资金论的范围较窄，容易导致国有企事业组织的财务收支、政府借贷等大量财政性行为免于审计，不符合国家治理的要求和审计问责的边界。其三，二维边界论看似比人民利益论和财政资金论更加科学、合理，但这两种认识论存在的问题在二维边界论中依然存在：一是人民利益的界定模糊，二是虽以财政性资金代替财政资金，却无法明确其内涵和外延，从而无法厘清国家审计的范围。其四，公共产品论以公共产品供给主体为视角，是对社会的发展和变迁的积极回应，但它至少存在两个方面的明显不足：一是公共产品供给并非政府有效治理国家的唯一途径，故将公共产品作为界定审计边界的维度并不准确；二是非政府主体提供公共产品不具有国家审计的可行性和必要性。诚然，对非政府主体提供的公共产品进行监督是必要的，但公共产品供给并不是市场主体等非政府主体的法定职责，况且国家审计机关的人力、物力和财力等资源有限，因此，审计绝非唯一或者最佳的手段。

据此，本书认为公共权力论更能突出正当性和时代性。一方面，公共权力论的正当性。从政府权力运行过程来看：首先，通过计划环节形成政府预算，以便落实国家发展战略和规划、配置资源、明确责任、建立控制基准；其次，按照下达的预算执行；最后，根据执行环节所生成的业务和财政财务活动信息，对照预算责任指标进行评价、考核和激励，并构成一个管理闭环。① 从根本上讲，国家审计并非仅仅审计财政性资金收支的具体情况，而是审计这些资金管理和使用背后的权力运行是否合法与合理。作为一种经济问责手段，国家审计是一种以监督制约公共权力为逻辑起点的权力，即通过对被审计对象相关财政或财务收支资料的审查，对其行使权力进行监督。是故，以公共权力为边界维度具有正当性：一是不会导致国家审计边界的不当缩小。除立法权、行政权和

---

① 白华. 论政府审计全覆盖的内涵与边界 [J]. 财会通讯，2019（10）：15.

司法权，公共权力还涉及公共资源的配置、公共资金的使用和公共产品的供给。在市场资源的配置过程中，涉及个人与企业等私人主体权利和政府公共权力的参与，其中，前者主要决定的是私人物品的生产、投资及消费，而后者则决定公共资源配置的相关事项，如目标的设置、制度的建设、政策的执行和公共物品的供给等。[①]只要属于非私人的公共事务，都应纳入国家审计的边界；二是不会导致国家审计边界的肆意扩张。针对公共权力的监督是一个系统的机制，国家审计仅是其中的一个部分，通过审查会计资料等方式实现对权力的问责，而非对公共权力实行全方位的监督问责。

另一方面，公共权力论的时代性。新时代的国家治理体系强调中国共产党的核心地位，党的领导能力、执政水平与公权力运行和公共资源配置机制密切相关。财政是国家治理的基础和重要支柱，财政资金的投向是否准确、使用是否合规、绩效是否良好，直接影响到党和政府各项决策的效果和成败。可以说，国家治理在一定程度上关乎权力的构架与运行机制，甚至执政党和国家的兴衰存亡。由于权力具有天然的扩张性，任何不受监督和制约的权力都可能被异化或滥用。作为人民赋予国家的权力之一，国家审计权的目的在于对权力人的履职情况进行监督，实现以权力制约权力。而国家治理的目的在于确保公权力更好地为人民的权利和利益服务，避免政府及其公职人员滥用权力，侵害人民的权利和利益。这也正如有的学者所言，"公共权力是国家审计与国家治理的交叉点，国家审计通过对公共权力的监督制约，促进国家治理机制的完善"。[②]据此，对国家审计边界的探讨，应当上升到国家治理的层面。国家审计在我国现代国家治理体系中运行三十余年，作用显著。当前，权力监督体系格局随国家机构改革进程而演变，国家审计监督的定位也在发生转变。党的十八届四中全会报告指出，要强化对行政权力的制约和监督。十九大报告也指出，要构建决策科学、执行坚

---

① 晏维龙.国家审计理论的几个基本问题研究：基于多学科的视角［J］.审计与经济研究，2015（1）：9.
② 陈英姿.国家审计推动完善国家治理的作用研究［J］.审计研究，2012（4）：16.

决、监督有力的权力运行机制,要加强对权力运行的制约和监督。这就意味着,政府权力运行到哪里,国家审计监督就要覆盖到哪里,不留死角。可见,在国家治理系统中,国家审计作为内生"免疫系统",旨在预防、揭示和抵御权力的异化或滥用,政府权力运行的边界就是国家审计监督的边界。

二、对可审性理论的一般认识

在我国现行审计法律规范中,没有关于"可审性"的概念或界定。可见,"可审性"在现阶段只是一个学理概念。从语法学角度出发,"可审性"由"可""审"和"性"三个语词构成:"可"是动词,其含义为"适合";"审"和"性"是名词,其含义分别为"审计"和"性质"。根据三个语词的含义,"可审性"的概念可以界定为某种对象具有的适合进行审计的性质,归根结底是一个审计边界的探讨问题。在可审性理论中,审计边界的确定需要平衡国家治理的客观需求和审计主体的能力。国家审计的外部经济、政治、社会、文化、生态等治理环境的更迭,促使被审计单位的复杂程度升级,国家审计的边界持续拓展。可以说,随着公共资金管理和公共权力运行过程中产生的公共受托责任愈发庞大,审计边界会愈加突破传统的审计范围,将越来越多的新型事项纳入其中。

(一)传统国家审计的可审性

审计从何而来?聚焦历史并对国家审计追根溯源,便可清晰地勾勒出传统国家审计的边界。事实上,我国古代并没有专门履行审计职能的管理机构,所谓的"审计职能"与行政、监察、司法、财经管理和官吏考核等职能相混同,学者们基于研究需求,以当下审计之定义,强行将"审计职能"从各种管理机构中分离出来。长期以来,国家审计一直以"财政财务收支审计"为主,通过"独立检查会计账目,发挥监督财政财务收支真实、合法、效益的功能"。① 尽管国家审计运行机制历经多次调整，但审计的内容从未脱离"财政财务收支、财经法纪遵守、经济效益"的范围，诸如20世纪八九十年代，受行政权力的影响，审计中运动式干预模式得到广泛应用，该模式强调贯彻领导者意志，凭借强制力和威慑力，快速、集中、强力解决经济领域中的监督问题。② 可见，传统国家审计功能始终单一，都属于经济监督范畴。

在现行法律法规中，确认当前国家审计可审的范围较为容易：首先，《宪法》第91条规定："国务院设立审计机关，对国务院各部门和地方各级政府的财政收支，对国家的财政金融机构和企业事业组织的财务收支，进行审计监督。"该条规定在《宪法》层面确立了国家审计监督的范围，即以"两个收支"确立了可审范围。其次，《审计法》（2006）第2条存在对《宪法》规定的重述化，而未进一步细化和具体化。《审计法》（2006）第39条规定，审计人员主要审查被审计单位的会计凭证、会计账簿、财务会计报告，与审计事项有关的文件、资料，检查现金、实物、有价证券等，以及对被审计单位相关人员的询问。在此基础上，《审计法》（2021）第24条第1款规定："审计机关对国有资源、国有资产，进行审计监督。"可见，我国国家审计以国有资产或资源为边界，且边界往往容易停留在被审计单位及其相关人员一级。最后，《审计法实施条例》对"财政收支"和"财务收支"的范围进行了细化，在一定程度上反映了国家审计监督范围的拓展。③ 总体来看，现行规定使得国家审计突破了财务审计核查的范围限制，且相关内容与经济领域如影相随。

---

① 李金华. 领导干部审计知识读本 [M]. 北京：中国审计出版社，2000：12.
② 鹿斌，沈荣华. 中国特色社会主义审计制度70年回顾与展望 [J]. 社会科学研究，2019（5）：36.
③ 《审计法实施条例》第3条规定："审计法所称财政收支，是指依照《中华人民共和国预算法》和国家其他有关规定，纳入预算管理的收入和支出，以及下列财政资金中未纳入预算管理的收入和支出：（一）行政事业性收费；（二）国有资源、国有资产收入；（三）应当上缴的国有资本经营收益；（四）政府举借债务筹措的资金；（五）其他未纳入预算管理的财政资金。"该条例第4条规定："审计法所称财务收支，是指国有的金融机构、企业事业组织以及依法应当接受审计机关审计监督的其他单位，按照国家财务会计制度的规定，实行会计核算的各项收入和支出。"

（二）新型事项的可审性

随着时代发展日新月异，新时代要求重新定位国家审计的功能。如果可审性理论继续受制于传统概念的束缚，恐有负国家治理的时代使命。据此，扩展国家审计的功能和边界，将更多新型事项纳入审计范围迫在眉睫。其一，新技术助推国家审计边界向外延伸。在信息化浪潮中，被审计单位越来越多的经济活动呈现在互联网上，为审计机关突破传统查账取证模式和提高审计工作效率创造了便利。同时，各种信息相互交织，组织与组织之间的合作关系和方式变得纷繁复杂，其界限也逐渐模糊，这在一定程度上对国家审计的边界产生了影响。其二，审计队伍建设水平提高。随着党和国家对审计工作科学发展的高度重视，审计人员的专业素质得到了普遍提高，具备了更强的认识和驾驭复杂经济局面的能力。同时，中央和地方财政的持续增长，进一步扩大了审计队伍的规模。据此，过去受人力和专业水平限制而无法进行审计的事项有了审计的可能，这就需要国家审计调整其边界，向外拓展。其三，社会经济发展的现实需求。随着社会的发展和经济的繁荣，整个社会经济的关联性日益增强，国家机关和社会主体呈现"你中有我，我中有你"的新特点，原先"泾渭分明"的国有资源或资产边界变得模糊，复杂的经济局面要求国家审计的边界向关联方拓展。试想，如果仅以产权属性作为分界，能够实现对国有单位经济活动与绩效的审计监督吗？据此，国家审计不应仅以国有资源或资产为界，但凡涉及公共权力的运行，与被审计单位存在业务往来的市场主体也都具有被审计的可能。其四，国家审计需要在国家治理中发挥更重要的作用。国家治理体系和治理能力是一个国家制度和制度执行能力的集中体现。可以说，国家治理体系是国家制度的集成和总和，它具有多层次性，涉及经济、政治、文化、社会和生态文明等诸多方面，国家审计作为一项履行对公权力监督和制约的制度安排，须在国家治理的各个方面发挥更重要的作用。是故，国家审计的边界确认须上升到国家治理层面进行思考和厘清。如果将可审事项严格地限定在传统的经济领域，显然不符合新形势下国家治理的新要求。据此，随着国家治理体系的持续改进，国家审计的边界理应适时调整，从专注经济领域的财政财务监督，转变为建立具有预防性、揭示性和抵御性功能的"免疫系统"，从注重对会计账目真实性的审查，延伸到对整个公共权力作用空间具有普遍性和整体性问题的审查。

从审计业务类型的发展实践看，1983年，我国审计机关依据《宪法》成立，在成立之初，主要将查处违反财经法纪的行为作为审计工作的重点。1985年，审计机关开始开展行政事业单位财务收支定期审计、厂长离任经济责任审计、承包经营责任审计、自筹基建资金审计等。1995年，根据《审计法》的规定，审计机关开始实施同级财政预算执行情况审计，逐渐形成"财政审计、金融审计和企业审计"与"经济责任审计"的"3+1"格局。同级财政审计是审计机关面临的一项新的、重要的工作。2008年，《审计署2008至2012年审计工作发展规划》要求正确区分财政审计和其他审计类型，将国家审计类型分为财政审计、金融审计、企业审计、经济责任审计、资源环境审计和涉外审计等六类。2014年，各审计机关根据审计署的总体部署，开始开展"稳增长、促改革、调结构、惠民生"等政策措施落实情况跟踪审计。2015年，根据《开展领导干部自然资源资产离任审计试点方案》，审计署围绕建立起规范的领导干部自然资源资产离任审计制度，坚持边试点、边完善。2017年，根据全国审计工作会议精神，要重点抓好政策落实跟踪审计、财政审计、金融审计、国企国资审计、民生审计、资源环境审计、经济责任审计和涉外审计等八个方面的审计工作。总之，审计机关自成立以来已经走过40年的发展历程。随着审计权的不断变化和审计职能的逐步扩大，作为体现审计内容的审计类型，无论从形式到内容，在外部环境的影响下，都在根据形势变化作出相应调整，可审事项在范围和种类上也呈现出增多的趋势。①

21世纪以来，党和国家高度重视常态化审计工作的推进。彰显新时代中国特色社会主义审计法律制度的功能体系，就是综合不同层面、不同领域和不同阶段的审计功能，共同构筑国家审计服务于国家治理的大功能体系和治理能力现代化的目标。2015年中共中央办公厅、国务院办公厅印发《关于实行审计全覆盖的实施意见》，明确要求"对公共资金、国有资产、国有资源和领导干部履行经济责任情况实行审计全覆盖"。审计全覆盖符合宪法和法理的内在要求，也是可审性理论在新时代的发展。可审性理论将法律理念与未来发展相调适，以达成法律规范与社会事实的一致，也就是"当为与存在之间的调和者"。为实现全覆盖的监督目标，理论上必然要求凡涉及公共权力运行的单位和项目，都要接受审计监督。国家所有执行预算的行为都应纳入审计的范围，即除传统行政经济行为以外，审计的范围还包括具有高度政治性的预算执行，如军事、外交经费等亦在监督范围内。审计对象除公共资金、国有资产或资源和领导人经济责任履行情况，还应将涉及公共权力运行或使用公共资金的军队、各级党委部门和非政府组织等，确保党和国家重大决策部署贯彻落实。换言之，原则上不得基于预算使用目的的考虑来免除接受审计监督的义务。②

需要强调的是，新时代可审性理论得到了长足发展，但并非要将审计范围无限地延伸，甚至侵蚀本属于行政、监察、司法、财经管理和官吏考核的职能。任何妄图"审计无边界"或"审计一切"的观点不但会造成人力、物力和财力上的浪费，更是一种对社会价值观的颠覆。以公共权力作为界定维度，将国家审计业务限定在对相关单位和个人行使公共权力所涉各项资金收支的真实、合法和效益的审计，既可避免国家审计资源的入不敷出，也能高度契合国家审计的本质和目的。

---

① 王彪华. 新形势下国家审计职能定位研究[J]. 中国软科学, 2020（11）: 165.
② 刘旺洪. 审计法学[M]. 北京: 高等教育出版社, 2019: 293.

三、审计全覆盖下的审计立法思想

现如今，我国政府正处于"大政府"向"强政府"转型的过渡期，这是国家治理体系和治理能力现代化的变革使然。政府的升级转型一定程度上加快了国家治理方式法治化的进程，也对《审计法》在国家治理中发挥功用提出了更高的挑战，审计全覆盖即是其中之一。审计全覆盖是新时代审计事业的内在要求和重要特征，为了响应审计全覆盖的迫切需求，审计立法思想需要满足以下几个方面的要求：

第一，加强党对审计工作的领导。随着国家审计的范围不断拓宽，其在经济运行、民主法治、民生建设等多个方面具有特殊地位，而这又与党的领导密不可分。同理，构建全覆盖的审计监督制度体系，以更好发挥审计在党和国家监督体系中的重要作用，关键在于加强党对审计工作的领导。换言之，按照"应审尽审、凡审必严、严肃问责"的要求，全面贯彻落实党对审计工作的部署要求，是推进审计全覆盖、构建全方位的监督法律体系的基本前提。在目前国家已经顺利组建中央审计委员会的情况下，审计全覆盖客观上要求更加注重提高审计政治站位，同时强化上级审计机关对下级审计机关的领导。相应地，审计机关要紧密地团结在党中央周围，全国各审计单位要在中央审计委员会的统一指挥下做到令行禁止。唯此，才能确保审计全覆盖的战略目标得到贯彻落实。

第二，扩大审计范围。近些年，随着我国审计事业的飞速发展，审计法律制度经常表现出某种滞后。我国现行审计法律制度规定的国家审计的监督对象主要是财政收支与财务收支，对国家审计的范围界定仍然停留在传统的"财政＋财务"层面。事实上，关于审计范围的这一规定已经无法满足国家审计监督的需要，更不符合人民群众对国家审计的要求和期待。因此，不乏有学者认为目前的审计法律已经不适应审计全覆盖的需要，"如果我们仍然死守只对财政收支及与之关联的财务收支进行监督，那么庞大的非财政收支将失去监督,会给人民和国家的利益带来巨大的损失"。[①]也因此,结合现实情况来看,扩大审计范围已经刻不容缓,"非财政收支"亦应一并纳入审计范围。2014年10月,党的十八届四中全会通过的《中共中央关于全面推进依法治国若干重大问题的决定》就审计全覆盖这一概念作出了明确规定,即"对公共资金、国有资产、国有资源和领导干部履行经济责任情况实行审计全覆盖"。这就要求进一步扩大审计范围,使审计范围向公共资金、国有资产、国有资源的管理和公权力使用以及领导干部履行经济责任情况等领域进行延伸。

第三,在全覆盖的基础上突出审计重点。需要说明的是,虽然审计全覆盖要求渐次实现对公权力在公共资金、国有资产和国有资源等领域具体行使情况的全面覆盖,但是"这种全覆盖是动态意义上的,涉及公共资金、国有资产和国有资源从分配、管理到使用的全部环节,全覆盖也必然是有深度、有重点的,因此是风险导向的,需要有计划地统筹推进"。[②]也即,国家审计要实现审计全覆盖,不留盲区与死角,还面临着诸多现实问题,不可能一蹴而就,它必定是一个渐进式过程。而在这个过程中,在全覆盖的基础上突出审计重点,殊为必要。基于"以点带面—点面结合—最终实现全面布局"的逻辑脉络,审计全覆盖要注重两个着力点:一是经济责任审计全覆盖。党政主要领导干部经济责任审计事关我国党风廉政建设,是打赢反腐倡廉攻坚战的重要途径,对审计力量参与国家治理具有重要意义。[③]二是民生领域项目审计监督的加强。根据人民主权原则,人民授权国家审计机关来监督政府公权力的行使。因此,审计全覆盖应关注政府是否将有限的财力用在刀刃上,即是否将取之于民的财富真正用到了人民的身上。

---

① 程乃胜.国家审计全覆盖视域中的我国审计法律制度之完善[J].法学评论,2016(4):43.
② 钱弘道,谢天予.审计全覆盖视域下的审计法变迁方向及其逻辑[J].审计与经济研究,2019(3):23.
③ 王海兵,张明翔.新时代经济责任审计全覆盖的实现路径研究[J].财会通讯,2021(15):108.

第四，优化审计资源配置。在审计资源既定的条件下，如何根据审计目标来完成有限的审计资源的合理配置，以保障审计资源的有效供给，不仅是审计管理的核心问题，也是审计全覆盖关注的议题。优化审计资源配置需要关注以下两个方面：一是发挥内部审计和社会审计的作用。除国家审计以外，内部审计和社会审计也属于我国审计监督体系的一部分，在推动实现审计全覆盖的过程中同样发挥着重要作用。国家审计全覆盖需要形成国家审计为主导，内部审计为基础，社会审计为补充的"三位一体"的审计全覆盖格局。就内部审计而言，从法治的角度来看，它也属于国家审计的一部分。内审部门作为国家审计的补充力量，能够有力拓展审计监督的广度和深度，进而帮助填补审计监督空白。就社会审计而言，一些实践经验丰富、社会信誉良好、技术力量较强的审计中介机构已经成为全面践行审计监督"经济体检"职能的必不可少的社会审计力量。二是将大数据审计工作提上日程。大数据时代的到来从根本上影响着未来我国审计监督的具体走向，也关系到审计全覆盖的有效推进。特别要强调，审计全覆盖面临的最大现实问题在于审计力量不足和审计任务重之间的矛盾，而审计信息化可以更好地解决当前审计人力资源不足的问题，是"解决这一矛盾的有效方式，也是实现审计全覆盖的重要手段"。[1]因此，构建基于大数据、信息化的审计全覆盖机制，对整合审计资源、统筹审计力量具有重要的促进作用。

第五，在法治轨道上理顺审计管理体制。目前，我国监察体制改革已取得显著成效，监察权业已从行政权中剥离从而升格为国家权力体系中与立法权、司法权、行政权并立的一级权力。那么，两相比较，这样的改革思路是否可以为审计管理体制所"复制"？至少从现阶段来看，答案应当是否定的。因为那种人大领导下的"一府一委三院（法院、检察院、审计院"的权力组织架构设计虽然可以从根本上克服审计机关

---

[1] 卿芳雅. 基于信息化的国家审计全覆盖机制研究［J］. 财会通讯，2021（15）：117.

的管理体制弊端、确保审计监督具有高度独立性，但必然会要求对我国既有政权体制作重大改动和调整，且涉及宪法和地方组织法的大范围修改，所以现实可行性匮乏。对此，可行的思路在于先以省以下审计机关为改革着力点。但从法治视角观之，目前地方审计管理体制改革试点缺乏合法性支撑，尤其是相比于监察体制改革而言。须明确，"重大改革都要于法有据"是处理当前改革和法治关系的基本立场，亦即"法治优先，改革附随"。虽然不宜将"于法有据"之"法"狭隘地理解为制定法，但其至少代表着重大改革应依循的基本趋向——在法治轨道上进行、用法治方式凝聚改革共识。而从江苏、浙江、重庆等七省市的试点情况来看，审计管理体制改革的依据仅为中央两办的文件，即《关于完善审计制度若干重大问题的框架意见》《关于省以下地方审计机关人财物管理改革试点方案》等行政规范性文件，并没有获得来自我国最高权力机关的正式授权。但反观国家监察体制，其改革试点则是周延地按照法治要求进行，这一点可在《全国人民代表大会常务委员会关于在北京市、山西省、浙江省开展国家监察体制改革试点工作的决定》这一授权行动中得到印证。从上述讨论出发，在应然层面，事关党和国家事业全局的国家审计，其管理体制改革无疑属于"重大改革"的范畴。推而论之，在过渡期的试点改革阶段也就势必要求全国人民代表大会常务委员会对此加以专门授权。而待下一步审计管理体制改革全面推开之际，则显然需要更高级别（全国人民代表大会）的授权。如此一来，也能为审计权与监察权的相互监督和协同提供更深层次的法理正当性。

第三章　国家审计机关的权力与责任

审计法学大厦的基石是审计法律关系，即审计法是以审计法律关系为核心概念的体系，是对法律关系主体、客体、内容的系统性规定。例如，围绕"主体"这一维度，立法者拟制了作为审计法律关系主体的审计机关、审计人员、被审计单位和社会审计机构；围绕"内容"这一维度，立法者拟制了审计主体的权力和权利、义务和责任，并对审计权力进行体系化配置和调整，进而串联起整个审计法的概念体系和规范体系。可以说，审计法律关系是连接审计规范和审计事实的纽带，而审计权力是其中最为核心的法理标志。进言之，审计权力乃是审计法范畴体系的逻辑起点，也能够为我们认识与思考审计法的相关问题提供恰当的逻辑上的切入点。

第一节　对国家审计机关审计权力的强调与保护

一、审计权力的宪法依据

从国家审计的发生史角度看，其制度萌芽可以追溯到百年以前。事实上，新中国成立以后的很长一段时间内，国家审计制度并未实际建立起来。1981年，财政部向国务院初步提交了《关于建立全国审计机构的意见》，后几经研究修改，最终在其讨论稿中正式提出在我国设立审计机关的几种具体共识方案。[1]而且,"在政府内部紧张酝酿建立审计制度的同时,我国最高权力机关也开始酝酿将审计监督制度写入国家的根本大法"。[2]于是,同年4月28日,载有实行审计监督制度内容的宪法修改草案公布,向社会公开征求意见。1982年12月,《宪法》正式颁布,这是我国审计监督制度确立的起点。可以说,1982年《宪法》不仅是新中国历史上一部重要的《宪法》,还为审计监督制度提供了重要的依据。

宪法是法治体系的根基之所在,国家审计作为一项基本法律制度,必须要有宪法依据。宪法依据问题是审计监督制度建立过程中立法者面对的一个重要理论问题。1982年12月4日,第五届全国人民代表大会第五次会议通过的《宪法》规定设立国家审计机关。现行《宪法》有关国家审计机关审计权力的内容主要有第62条、第63条、第67条、第80条、第86条、第91条和第109条等条款,分别从国家审计机关的审计人员、审计内容以及审计机构等方面作了规定,如表3–1所示。

表3–1 《宪法》中关于国家审计机关审计权力的规定

《宪法》条款	具体内容
第62条第5项	全国人民代表大会行使下列职权:……(5)根据中华人民共和国主席的提名,决定国务院总理的人选;根据国务院总理的提名,决定国务院副总理、国务委员、各部部长、各委员会主任、审计长、秘书长的人选
第63条第2项	全国人民代表大会有权罢免下列人员:……(2)国务院总理、副总理、国务委员、各部部长、各委员会主任、审计长、秘书长
第67条第9项	全国人民代表大会常务委员会行使下列职权:……(9)在全国人民代表大会闭会期间,根据国务院总理的提名,决定部长、委员会主任、审计长、秘书长的人选

---

[1] 简单来说,这些方案的讨论焦点在于审计机关应设立在全国人民代表大会系统还是政府行政系统,对此又有三种不同安排:一是设立在全国人民代表大会常务委员会;二是设立在国务院;三是设立在财政部。显然,从审计监督有效性的意义上讲,第一种方案最优,第二种次之,而第三种的审计监督面最窄。

[2] 李金华.中国审计史(第三卷·上)[M].北京:中国时代经济出版社,2005:43.

（续表）

《宪法》条款	具体内容
第 80 条	中华人民共和国主席根据全国人民代表大会的决定和全国人民代表大会常务委员会的决定，公布法律，任免国务院总理、副总理、国务委员、各部部长、各委员会主任、审计长、秘书长，授予国家的勋章和荣誉称号，发布特赦令，宣布进入紧急状态，宣布战争状态，发布动员令
第 86 条	国务院由下列人员组成：总理，副总理若干人，国务委员若干人，各部部长，各委员会主任，审计长，秘书长。国务院实行总理负责制。各部、各委员会实行部长、主任负责制。国务院的组织由法律规定
第 91 条第 1 款	国务院设立审计机关，对国务院各部门和地方各级政府的财政收支，对国家的财政金融机构和企业事业组织的财务收支，进行审计监督
第 109 条	县级以上的地方各级人民政府设立审计机关。地方各级审计机关依照法律规定独立行使审计监督权，对本级人民政府和上一级审计机关负责

根据表 3-1 可知：

第一，《宪法》第 62 条、第 63 条、第 67 条、第 80 条和第 86 条对审计长的提名、审计长的产生、审计长的罢免以及审计长的身份地位等作出了详细且明确的规定。其一，《宪法》第 62 条规定审计长的产生与任命方式是全国人民代表大会根据国务院总理的提名决定审计长的人选；其二，《宪法》第 63 条规定全国人民代表大会有权罢免审计长；其三，《宪法》第 67 条规定在全国人民代表大会闭会期间，全国人民代表大会常务委员会有权根据国务院总理的提名，决定审计长的人选；其四，《宪法》第 80 条规定中华人民共和国主席有权任免审计长；其五，《宪法》第 86 条规定审计长属于国务院的组成人员，国务院实行总理负责制。国务院各部、各委员会实行部长、主任负责制。简言之，审计长的任命首先由国务院总理提名，再由全国人民代表大会决定，审计长在国务院的领导下开展审计工作，而国务院是最高权力机关的执行机关，表明审计机关依附于行政体系。可见，审计机关作为执行机关的组成部门去监督执行机关本身，实质上是一种"大内审"，审计监督的力度必然会受到一定的影响，无法充分保证其独立性。

第二，《宪法》规定了国家审计机构的设立方式与领导体制。《宪法》第109条规定县级以上的地方各级人民政府设立审计机关，并对本级人民政府和上一级审计机关负责。可见，《宪法》确立了我国审计实行行政型审计管理体制。该体制会在一定程度上对国家审计的独立性造成影响，主要表现在两个方面：一方面，从审计机关的领导管理体制来说，我国国家审计机关处于双重领导管理体制下，从管理体制到人员以及经费支出等方面，审计机关都受制于本级人民政府和上一级审计机关，导致审计机关难以在人员、经费来源等方面保证独立性。如果上一级审计机关与地方政府的指令不一，那么地方审计机关是如实向上一级审计机关反映情况还是听从地方政府的指示？可以说，国家利益与地方利益的冲突，使处于两难境地的审计机关难以完成预期审计工作。另一方面，从审计监督权角度来说，审计权依附于行政权，行政权不仅派生了审计监督权，还派生了财政监督权、金融监督权和税务监督权等各种行政监督权，这就造成了经济领域里的行政经济监督多元化，行政部门职能交叉、工作冲突、人力物力资源浪费的现象。据此，审计机构的设立方式与领导体制直接影响审计工作能否有效独立地开展。

第三，《宪法》对国家审计的内容范围作出了限制性规定。《宪法》第91条规定了审计机关有权对国务院各部门和地方各级政府的财政收支，国家的财政金融机构和企业事业组织的财务收支进行审计监督。可见，《宪法》对国家审计的范围作了限制性规定，国家审计机关行使审计权的范围仅限于财政收支和基于财政收支而产生的财务收支。该限制性规定虽有合理之处，但仍有待完善。一方面，作为上层建筑的国家审计必须适应经济基础，同时，必须在既定政治框架体系范围内进行变革，这是国家审计保证政治长期稳定的基本条件。该项规定既是维护和监督国家经济发展的方针政策、法规的落实，确保社会主义市场经济健康发展，发挥国家审计机关审计权的法律保障，也是国家审计对权力制约与监督的高层次监督，适应了我国政治体制和社会主义市场经济的发展。另一方面，该限制性规定存在审计盲区的问题。新时代背景下，全面推进依法治国与国家治理体系和治理能力现代化、政府转型、监察委员会设立、《审计法》修正以及社会主要矛盾转变等都对审计监督权提出了新要求。审计业务类型拓展、审计技术方法更新、审计组织方式创新等发展变化都对审计职能的实现方式提出了新要求。国家审计需不断适应外部环境变化要求，顺应我国经济发展方式、发展阶段的转变，找准审计服务社会经济发展的着力点，为经济高质量发展保驾护航。实践中，国家审计的内容已经超过现行法律法规规定的范围。在审计全覆盖的要求下，审计监督的内容已经不能再局限于财政财务收支审计，而应扩展至更宽领域，正如公权力边界原则所说，国家审计应着重关心公权力的活动，以国家各机关单位的各种公共权力对社会施加的影响范围作为审计边界，即公权力延伸到哪，国家审计的边界就定在哪，把边界定在公权力与私人领域的分界线上。①

更进一步讲，我国行政型审计管理体制虽体现了国家审计监督的本质，却未能很好地保障审计监督权的独立性：一方面，我国国家审计是一种法律监督，不仅因为国家审计机关的审计权力是由《宪法》赋予的，拥有最高的法律效力，符合我国社会主义民主政治和适应我国社会主义根本政治制度的需要；而且因为国家审计的依据和内容范围也是法律规定的，即重在国家财政收支和关系国家经济命脉的国家财政财务收支等方面，这是适应我国社会主义经济制度所要求的。简言之，我国的国家审计法律制度与我国的政治经济制度是相适应的。另一方面，我国国家审计实行行政型审计管理体制，这种体制下审计机关的独立性容易受到影响。地方与中央之间存在利益冲突，而利益总是隶属于一定的主体，不同的主体具有不同的利益，政府本身有自身的利益，各个部门也有各自的利益。正是由于这种利益冲突导致部分地区存在行政干预和地方

---

① 饶庆林.新形势下国家审计边界延伸发展探究［J］.审计与理财，2020（2）：44.

保护主义等问题。如前所述,目前我国地方审计机关需要同时接受"本级政府行政首长"和"上级审计机关"的双重领导,人、财、物受同级财政安排,而审计监督的对象就是同级财政,这种"同级审计"俨然成为独立审计的掣肘。例如,当审计工作人员发现干部存在贪污受贿的情况时,其难以如实向上级审计机关报告审计情况;又如,一些被审计单位依法接受、配合审计工作的意识不强,拖延、阻挠甚至拒不提供相关资料的情况并不少见。

此外,部分上级审计机关过分关注下级审计机关的审计业务,而忽视下级审计机关的队伍建设。这就导致上级审计机关在指导下级审计机关领导班子建设、审计队伍建设和党风廉政建设等方面还远远不够,弱化了上级审计机关的影响力和领导作用。同时,囿于地方政府统管本级审计机关的人、财、物,这在客观上促使基层审计机关接受当地政府领导的重要程度高于上级审计机关,在主观上形成接受地方政府领导比上级审计机关重要的偏颇认识。

综上所述,这种双重行政管理体制未能践行审计工作的独立性原则。据此,我国应积极推进国家审计管理体制改革,使地方审计机关逐渐摆脱地方行政机关的限制,向同级别的地方人大汇报工作;同时,还应加强上级审计机关对下级审计机关的指导作用,弱化外部因素对国家审计的影响,以增强地方审计机关的独立性。

二、中央审计委员会与国家审计机关的权力

(一)中央审计委员会的权力

中央审计委员会是2018年3月中国共产党中央委员会根据《深化党和国家机构改革方案》组建的中共中央决策议事协调机构。这是适应新时期党中央对国家审计新要求的定位和顶层设计,该方案明确了组建中央审计委员会的目的是加强党中央对审计

工作的领导,构建集中统一、全面覆盖、权威高效的审计监督体系,更好发挥审计监督作用。中央审计委员会的权力主要包括组织权和审议权两个方面。

第一,组织权。中央审计委员会具有在审计领域坚持党的领导、加强党的建设方针政策的组织权,有权决定对党中央重大政策措施执行情况、重点民生等方面进行监督审计。这充分适应了党对审计工作的领导要求,加强了中国共产党在中国特色社会主义事业的领导核心,有利于从"全面从严治党"和"增强党自我净化能力"的思想政治高度来明确国家审计的工作重点和任务,[①]有利于拓展国家审计监督的广度和深度,激发国家审计在党和国家政治监督体系建设中发挥重要作用。可见,组建中央审计委员会为国家审计更好地发挥其职能提供了不可或缺的政治保障和组织保障。

第二,审议权。中央审计委员会具有重大事项的审议权,主要包括审议审计监督重大政策和改革方案、年度中央预算执行和其他财政支出情况审计报告以及决策审计监督其他重大事项等。党的领导是审计事业发展的根本保证,中央审计委员会重大事项审议权充分保障了人民群众的切身利益,加强了审计机关对行政机关的监督,有利于推动实现新时代审计工作的"三个加大"和"四个促进"。其中,"三个加大"是指,加大对党中央重大政策措施贯彻落实情况跟踪审计力度,加大对经济社会运行中各类风险隐患揭示力度以及加大对重点民生资金和项目审计力度。"四个促进"包括促进经济高质量发展、促进全面深化改革、促进权力规范运行和促进反腐倡廉。总之,组建中央审计委员会有利于保障国家审计的适度前瞻性,充分发挥审计机关在国家治理中的基石和重要保障作用。

中央审计委员会的设立标志着新的审计管理体制框架基本形成,并凸显了以下三点新时代特征:其一,加强党对审计工作的领导。设立中央审计委员会旨在加强党对

---

① 厉国威,葛鹏辉. 新时代国家审计与中央审计委员会的功能融合[J]. 会计之友,2020(17):127.

审计工作的集中统一领导,发挥审计在党的领导与建设、全面从严治党和党风廉政建设的作用,在推进"五位一体"总体布局,打赢"三大攻坚战"中发挥审计监督作用,实现由工具理性向价值理性转变的优越性。[1]其二,推进审计全覆盖。审计全覆盖,即全方位各维度的覆盖,中央审计委员会的设立改革使审计监督更加全面,同时,促进了审计监督与监察监督的良好互动和配合,审计监督与监察监督同属于国家监督体系,共同服务于国家治理体系建设,推进国家治理体系和治理能力现代化。其三,增强独立性和权威性。国家审计制度改变必须以提高审计的独立性为根本前提,中央审计委员会是党中央决策议事协调机构,对政府的监督属于行政系统外部监督,对提高国家审计的独立性和权威性、保障审计机关依法行使审计监督权具有重要作用。

(二) 国家审计机关的权力

在公共领域的委托代理关系中,政府权力源自人民的委托,政府接受社会公众的委托作为代理人管理社会资源。在基于契约的权力中,法国著名启蒙思想家卢梭认为国家是建立在自由人之间的社会契约上的,社会契约是以公意为基础,通过社会契约赋予国家和构成国家的每个人的绝对权力,国家主权属于全体民众,政府的组建是源于人民的委托与权力的让渡,而法律则是公意的体现,宪法被认为是社会契约的一种规范化的表现形式。[2]简言之,国家审计机关的权力实质是来自人民监督国家的权利,法律是确认国家审计机关权力的载体。我国国家审计机关是依据《宪法》的有关规定成立的,是对属于审计范围内的财政经济活动进行监督的行政机关。我国国家审计机关分为中央审计机关和地方审计机关,两者的审计监督权在内容范围上有所区别,但其本质权力主要表现为审计监督权,具有法律赋予的独立性和权威性。

---

[1] 赵广礼. 试论审计体制改革:变迁和未来[J]. 审计研究, 2019(6): 45.
[2] 厉国威, 王晶. 基于契约观的现代国家审计本质[J]. 财会通讯, 2012(31): 93.

审计法专题研究

《宪法》和《审计法》都对国家审计机关的审计监督权作出了明确规定。一方面，地方审计机关的审计监督权范围包括但不限于对本级各部门（含直属单位）和下级政府预算的执行情况和决算以及其他财政收支情况，国家的事业组织和使用财政资金的其他事业组织的财务收支情况，国有企业的资产、负债、损益，进行审计监督；还对政府投资和以政府投资为主的建设项目的预算执行情况和决算，政府部门管理的和其他单位受政府委托管理的社会保障基金、社会捐赠资金以及其他有关基金、资金的财务收支情况，国际组织和外国政府援助、贷款项目的财务收支情况，国家机关和依法属于审计机关审计监督对象的其他单位的主要负责人在任职期间对本地区、本部门或者本单位的财政收支、财务收支以及有关经济活动应负经济责任的履行情况以及其他法律、行政法规规定应当由审计机关进行审计的事项进行审计监督。另一方面，中央审计机关即审计署的审计监督权范围包括中央银行的财务收支，以及中央预算执行情况和其他财政收支情况。地方各级审计机关分别在省长、自治区主席、市长、州长、县长、区长和上一级审计机关的领导下，对本级预算执行情况和其他财政收支情况进行审计监督。依法属于审计监督权范围的其他审计工作则由国务院统一规定。

（三）审计委员会和审计机关的权力互动

中央审计委员会的办公室设在最高国家审计机关即审计署，各级审计委员会办公室直接接受县级以上地方同级党委审计委员会领导，负责处理审计日常工作。审计委员会与审计机关的权力是相互依存和相互作用的，两者的结合迈出了构建集中统一、全面覆盖、权威高效审计监督体系的实质性改革步伐，[1] 有利于提升审计的独立性、完善审计监督权和实现审计全覆盖。

---

[1] 王锴，李学岚，汪国钧.论审计委员会框架下的审计监督体系：涵义特征与建构路径[J].中国内部审计，2020（3）：11.

一方面，审计委员会与审计机关的权力互动有利于加强党对国家审计工作的领导。从机构设置看，中央审计委员会作为党中央决策议事协调机构，由习近平总书记担任委员会主任，办公室设在审计署，并由审计长任办公室主任。从职责范围看，《深化党和国家机构改革方案》指出中央审计委员会的职责主要是：研究提出并组织实施在审计领域坚持党的领导、加强党的建设方针政策，审议审计监督重大政策和改革方案，审议年度中央预算执行和其他财政支出情况审计报告，审议决策审计监督其他重大事项等。各地省委市委审计委员会通过召开会议的方式加强党对审计工作的领导，为新时代部署安排审计工作提供方向指引。例如，2019年2月19日，重庆市委审计委员会召开第一次会议，深入学习贯彻习近平总书记关于审计工作的重要讲话精神，审议市委审计委员会工作规则及办公室工作细则，听取2017年度市级预算执行和其他财政收支审计整改落实情况、审计管理体制改革有关情况、2019年领导干部经济责任审计及自然资源资产离任（任中）审计计划的汇报，并研究部署了相关工作。[①] 可见，通过事前、事中和事后审议的方式对国家审计机关的工作进行指导和监督，有利于提高国家审计机关的"自律性"，提升审计监督的合力，进一步推进国家治理体系和治理能力现代化。

另一方面，审计委员会与审计机关的权力互动有利于形成反腐"利剑"。中共中央办公厅、国务院办公厅印发的《党政主要领导干部和国有企事业单位主要领导人员经济责任审计规定》明确规定了审计委员会办公室、审计机关和审计人员在开展经济责任审计工作方面的组织协调配合。同时强调，各级党委和政府应当加强对经济责任审计工作的领导，同时应当保证履行经济责任审计职责所必需的机构、人员和经费。此外，从机构设置的实际情况来看，各级审计委员会办公室也是直接意义上的国家审计

---

① 杨帆，张珺. 加强党对审计工作的领导 更好地发挥审计监督作用［N/OL］.［2023-02-05］.https://epaper.cqrb.cn/cqrb/2019-02/20/001/content_225604.htm.

监督主体,其可以与同级审计机关共同派出审计组开展自然资源资产离任审计和经济责任审计等工作。实践中,具体到地方审计监督领域,2019年,山东省滨州市经济责任审计服务中心以滨州市委审计委员会名义印发了《关于加强和创新政府公共投资项目审计监督的实施意见》,以中共滨州市委审计委员会办公室和中共滨州市委组织部联合的名义印发了《滨州市市管干部任前告知办法》。在具体工作方面,滨州市经济责任审计服务中心共对42名领导干部实施经济责任审计服务,向纪委和有关主管部门移送重大违法违纪案件线索7起,充分发挥了审计监督在党风廉政建设和反腐败斗争中的重要作用。[1]这在很大程度上说明,地方审计委员会直接架起了地方党委、政府在审计监督职能上协调协作的"桥梁"。

综上,审计委员会与审计机关权力的融合与互动是党加强对国家审计工作领导的创新之举,是实现"审计独立"与"党的领导"相互促进的重要举措,有利于推进中国特色社会主义审计制度现代化。

三、对审计机关及其工作人员的保护

当前,国家审计机关及其工作人员在审计工作中面临不同程度的风险。国家审计风险,是指国家审计机关及其工作人员基于各种原因发表了与客观事实不相符合的审计意见或作出不恰当的审计结论和决定,导致必须承担审计责任而遭受损失或不利的可能性。[2]理论上,国家审计风险由重大错报、检查、公告、诉讼和社会认可等各类风险组成,且国家审计的各类风险的每种要素都会受到很多因素的影响,这些因素可分为审计主体因素、审计客体因素和审计环境因素三类。其中,审计主体因素包括审计

---

[1] 孙佃潇.滨州经济责任审计服务中心:移送重大违法违纪案件线索7起 完成各项审计任务[EB/OL].[2023-02-05].https://baijiahao.baidu.com/s?id=1655571011021084478&wfr=spider&for=pc.

[2] 余春宏,辛旭.国家审计风险:类型、特征、成因及化解[J].山西财经大学学报,2003(5):93.

人员能力素质、审计人员结构、审计方法恰当性和审计管理水平四个方面；审计客体因素包括内部控制水平、经营财务状况和管理水平三个方面；审计环境因素包括政府干预程度、经济发展水平和法律法规完善程度三个方面。实践中，我国国家审计风险产生的主要原因包括法律环境、管理体制和审计信息不对称的环境因素和审计人员素质、审计技术方法因素。[①] 这些因素都会不同程度地影响审计机关与工作人员的独立性，从而给它们带来上述各类风险。为降低这些风险，《宪法》和《审计法》都有涉及对审计机关与工作人员的保护的条款。

（一）对审计机关的保护

1. 为审计机关行使审计监督权提供法律保障

《宪法》明确规定设立国家审计机关并赋予其审计监督权，使之具有宪法地位。同时，《宪法》第91条与《审计法》第2条都明确规定了审计机关审计监督的内容范围，为审计机关合法合理行使审计监督权提供了法律保障。遗憾的是，虽然审计机关在开展审计工作时"有法可依"，但关于审计监督内容范围的规定尚未实现与时俱进。

现阶段，我国正处于"十四五"时期，这是我国顺利实现第一个百年奋斗目标，并向第二个百年奋斗目标进军的第一个五年。这一时期，审计机关审计监督权的行使应当重点关注以下几点：第一，以审计监督推动新发展格局的形成。"双循环"新发展格局是"十四五"时期具有纲举目张性质的战略方向选择，对此，审计机关需要在供给侧和需求侧两端同时发力，以积极财政政策和财政资金的有效性、国家重大政策措施贯彻落实情况等为切入点，充分揭示与推动国内大循环以及国内国际双循环相互促进的政策措施不衔接、不配套等问题，确保在国民经济循环方面政令畅通。第二，

---

① 谭劲松.试论国家审计风险[J].审计研究，1999（6）：7.

以审计监督推动现代财政预算制度的建立。党的二十大报告中提出"健全现代预算制度",不仅是十八大以来财税体制改革的延续深化,也是当前财政收支紧张态势下的务实举措。围绕这一目标,审计机关在财政审计领域应当加强对预算执行及决算草案、地方政府债务合并监管、税收征管等方面的监督力度。第三,在审计监督中加强体现政治导向。党的二十大要求全党更加自觉地维护习近平总书记党中央的核心、全党的核心地位,更加自觉地维护以习近平同志为核心的党中央权威和集中统一领导,全面贯彻习近平新时代中国特色社会主义思想。须明确的是,审计机关首先属于政治机关序列,要强化政治机关意识,首要任务就是贯彻落实党中央对审计工作集中统一领导的各项部署要求,在审计监督实践中带头增强"四个意识"、坚定"四个自信"、把握"两个确立"、做到"两个维护"。

近年来,随着审计监督力度不断加强,审计机关的法定监督职责在同步扩大,审计监督范围不断拓展。与之相应,审计监督对象变得多元化,审计监督内容也不再局限于传统的财政收支和财务收支。审计作为国家治理体系中的一项基础性制度安排,核心任务是做国家利益的"捍卫者"、公共资金的"守护者"、反腐败的"利剑"、权力运行的"紧箍咒"。[①]而当前关于审计职责和审计范围等规定存在滞后性,已经无法适应新时代背景下实现审计全覆盖与推进国家治理体系和治理能力现代化的要求。在新形势新要求下,审计监督应当从关注财政财务收支的纯粹经济监督延伸到公权力行使的领域,从微观领域延伸到宏观领域。是故,建议对现行法律中涉及审计机关职责和审计范围等的规定加以修改和完善,以更好地为审计机关行使审计监督权提供法律保障。

---

① 董冠洋.李克强:升级权力"紧箍咒"明确监管三重点[EB/OL].[2020-08-06].http://politics.people.com.cn/n/2014/0110/c70731-24086798.html.

2. 保障审计机关独立行使审计监督权

第一,《宪法》第 109 条明确了国家审计实行行政型审计管理体制,为审计监督权的行使提供了组织保障。在审计业务上,地方政府审计机关以上一级审计机关的领导为主,上级审计机关为下级审计机关提供一定的技术帮助和业务支持;在行政管理上,地方审计机关以当地政府的领导为主,人事、财务和组织安排等都由地方政府决定。行政型审计管理体制具有"两面性":一方面,行政型审计管理体制的优势在于通过审计手段监督政府及其部门的公权力运行情况,可以提升审计机关的"律他性",保障国家宏观经济政策的贯彻实施;另一方面,双重领导管理体制制约了审计机关的独立性。其一,行政管理上的隶属性。审计机关在管理上隶属于行政体系,其独立性取决于各级审计机关之间的领导关系,以及上级审计机关赋予下级审计机关职责权限的大小。[①] 因此,当地方政府局部利益与国家整体利益发生冲突时,地方政府可能会给审计机关施加压力,对审计的独立性造成消极影响。其二,审计机关与同级政府存在密切的经济联系。在当前行政型审计管理体制下,审计机关的经费来自同级政府的财政预算,作为监督者和被监督者的审计机关与同级政府之间就会存在经济纽带关系,从而削弱地方审计机关的独立性,影响审计结果的真实性和权威性。

第二,《宪法》第 91 条和《审计法》第 5 条都规定了审计机关有权依照法律规定独立行使审计监督权,不受其他行政机关、社会团体和个人的干涉。该规定为审计机关独立行使审计监督权提供了最高法律保障。但是,该规定和其他规定之间存在不相融合之处:其一,《审计法》第 7 条规定:"国务院设立审计署,在国务院总理领导下,主管全国的审计工作。审计长是审计署的行政首长。"其二,《审计法》第 8 条规定:"省、自治区、直辖市、设区的市、自治州、县、自治县、不设区的市、市辖区的人民

---

① 孙洪泽. 我国地方政府审计独立性研究[J]. 新会计,2014(12):22.

政府的审计机关，分别在省长、自治区主席、市长、州长、县长、区长和上一级审计机关的领导下，负责本行政区域内的审计工作。"其三，《审计法》第9条规定："地方各级审计机关对本级人民政府和上一级审计机关负责并报告工作，审计业务以上级审计机关领导为主。"上述三条规定表明，我国各级国家审计机关是设立在各级人民政府内，其本身就是本级人民政府的组成部分，必须对本级人民政府首长负责。据此，我国国家审计具有一定的"内审性"，实际上可算作政府的"大内审"。① 由此，可能会消解《宪法》第91条和《审计法》第5条对审计机关依法行使审计监督权不受其他行政机关干涉的效力。

3. 各部门配合审计机关行使审计监督权

《审计法》的实施是一个系统工程，需要一系列相关法律来保障其实施效果。实践中，《审计法》及其他相关法律为审计机关综合借用多方力量有效行使审计监督权提供了保障。《审计法》第41条规定，审计机关履行审计监督职责，可以提请公安、财政、自然资源、生态环境、海关、税务、市场监督管理等机关予以协助。例如，实践中，为查处、打击经济领域中违法犯罪活动的作用，公安机关和审计机关会在要情通报、审情会商、线索移送和协助查证等方面加强协作配合。可见，该规定为审计机关借用多方行政力量提升审计监督效果提供了法律保障，增强了审计机关与其他行政机关协作配合的优势。但是，该规定在审计工作实践中也存在一些问题：一是该规定表明审计监督权隶属于行政体系，与监督对象共属同一体系，因此，审计监督的独立性就会大打折扣；二是"可以"一词表明该规定属于任意性规范，降低了各行政机关相互配合的强制性和必要性，导致实践中各部门消极配合甚至不配合的现象时有发生。值得注意的是，《审计法》第41条中"有关机关应当依法予以配合"的补充规定一定程度

---

① 程乃胜. 国家审计全覆盖视域中的我国审计法律制度之完善 [J]. 法学评论，2016（4）：46.

上有利于这一问题的解决。

(二) 对审计工作人员的保护

1. 审计机关负责人的人事任命

审计机关负责人是推进审计法治建设的责任人,对审计工作的有效开展具有"统领全局"的作用。《宪法》和《审计法》在人事任命制度上为审计机关负责人的履职提供了法律依据和法律保障。《宪法》第62条、第63条、第67条、第80条和第86条对审计长的产生、审计长的罢免以及审计长的身份地位作了规定。《审计法》也有相关的条款,诸如第17条第3款、第4款规定:"审计机关负责人依照法定程序任免。审计机关负责人没有违法失职或者其他不符合任职条件的情况的,不得随意撤换。地方各级审计机关负责人的任免,应当事先征求上一级审计机关的意见。"其中,"不得随意撤换"的规定在很大程度是考虑到了地方审计机关负责人可能面临的来自地方政府和上级审计机关的双重压力,在一定程度上免除了他们的后顾之忧,为审计监督权的独立行使提供制度保障。当然,我国虽然为审计机关负责人的履职提供了法律保障,但现行人事任命制度尚不能很好地保障审计的独立性。具体而言,我国地方审计机关的正职领导人应当事先征求上一级审计机关的意见,由本级人民政府提名,其任命权仍然归属于本级人民代表大会常务委员会。但由于很多地方政府与地方人大常委会之间关系模糊,以及上一级审计机关对地方审计机关队伍建设的指导不够等因素,使得审计机关正职领导人的任免在很大程度上取决于地方政府的"拍板"。因此,审计机关负责人很可能出于"自保官位"或升职等目的而受制于本级政府。

2. 审计工作人员的法律责任

《审计法》第57条规定:"审计人员滥用职权、徇私舞弊、玩忽职守或者泄露、向他人非法提供所知悉的国家秘密、工作秘密、商业秘密、个人隐私和个人信息的，依法给予处分；构成犯罪的，依法追究刑事责任。"审计人员职务犯罪，是指国家审计机关工作人员利用职务上的便利进行非法活动以谋取私利，或者对自身工作不负责、不履职、不正确履职等，导致国家、集体、人民的利益遭受重大损失或国家审计机关形象受到严重损害的行为。① 可以说，该规定不仅保护了审计工作的合法、公正和有效执行，也对审计工作人员提出了警醒，为其严格依法履行审计职责划定了一条"红线"。但是，由于审计工作人员享有较大的定性裁量空间，以及审计工作归责机制尚不完善，该规定并未击中审计工作人员违法犯罪的痛点：首先，较大的定性裁量空间为审计工作人员的机会主义行为提供了温床；其次，在审计工作出现问题时，相互推诿的情况容易发生。据此，我国可以通过缩小审计工作人员的定性裁量空间和完善审计公告制度等方式来促进审计工作人员合理合法履行职责。②

3. 审计工作人员的人身保护

作为奋战在审计工作一线的执行者，审计工作人员往往面临更多的外部风险。例如，在审计工作中受到伤害，以及在审计项目结束后遭到打击报复。《审计法》第17条和第56条对审计工作人员安全、客观地开展工作提供了保障。《审计法》第17条第1款、第2款规定："审计人员依法执行职务，受法律保护。任何组织和个人不得拒绝、阻碍审计人员依法执行职务，不得打击报复审计人员。"该法第56条规定："报复陷害审计人员的，依法给予处分；构成犯罪的，依法追究刑事责任。"据此，这从法律层面为审计工作人员的人身安全与正当履职提供了有力保障。但以上两项对审计工作人员人身安全保护的规定略微宽泛。例如，当被审计单位或相关人员对审计工作人员采取了行为抵制或者产生了武力冲突，怎样的行为才算是上述《审计法》中所规定的

---

① 李章元.论国家审计机关工作人员职务犯罪及其预防[J].经贸实践，2017（9）：171.
② 崔振龙.政府审计职责及其发展展望[J].审计研究，2004（1）：39.

行为。又或是《审计法》中的规定与《刑法》中的故意伤害罪或故意杀人罪在量刑上有何区别或应如何过渡，现行法律法规应当作出进一步完善。

四、审计机关的职能

审计职能是审计本身就具有的，无论是否以文件的形式加以固定。审计职能是确定审计职责的重要依据，审计职能必须通过审计职责和权限才能具体化，通过审计职责的履行和审计权限的行使，审计的职能作用才能发挥出来。[①]《审计法》以及《审计法实施条例》对审计机关的职能作出了具体规定，主要包括要求提供资料权、检查权、调查取证权、行政强制权、建议权和处理处罚权、通报和公布权等六项职能。

（一）要求提供资料权

《审计法》第34条以及《审计法实施条例》第28条都对审计机关的要求提供资料权作出了规定，例如，"审计机关有权要求被审计单位按照审计机关的规定提供财务、会计资料以及与财政收支、财务收支有关的业务、管理等资料，包括电子数据和有关文档。被审计单位不得拒绝、拖延、谎报"。这些规定对审计机关获取审计相关资料具有法律保护作用，且对报送提供资料的真实合法性作出了归责规定，为审计监督权的行使提供基础性保障作用。

（二）检查权

检查权是审计机关必须拥有的最基本的权限。《审计法》第36条规定："审计机关进行审计时，有权检查被审计单位的财务、会计资料以及与财政收支、财务收支有关

[①] 吴秋生. 论政府审计职责的涵义与特点 [J]. 山西财经大学学报, 2006（4）: 124.

的业务、管理等资料和资产,有权检查被审计单位信息系统的安全性、可靠性、经济性,被审计单位不得拒绝。"只有在保证了审计机关的检查权的基础上,才能进一步规划审计工作的目标和内容,即审什么、用什么方法审以及审到什么程度。

(三) 调查取证权

《审计法》第37条、第41条以及《审计法实施条例》第30条对审计机关的调查取证权作出了规定,即审计机关有权就审计事项的有关问题向有关单位和个人进行调查取证,有关单位和个人应当支持、协助审计机关工作,如实向审计机关反映情况,提供有关证明材料。这其中就包括需要银行协助的存款查询权。但实务中当审计机关与其他单位或个人配合时,较易出现消极配合甚至是不配合的问题。

(四) 行政强制权

审计机关拥有的行政强制权是指审计机关对被审计单位违反国家规定的财政收支或者财务收支的相关行为采取或者通知有关部门采取强制手段的权力。例如,《审计法》第38条对审计机关的制止权和封存资料权、通知暂停拨付权和暂停使用权等权限作出了具体规定。再如,《审计法实施条例》第32条对审计机关行使封存资料权的程序作出了更为具体的规定。可见,我国法律对审计机关拥有的行政强制权的对象范围及程序作出了具体规定,在给予权力的同时又限定权力行使范围,限制审计机关的自由裁量权。

(五) 建议权和处理处罚权

建议权是指审计机关有权建议被审计单位的主管部门纠正与法律、行政法规相抵触的有关财政收支、财务收支的规定。处理处罚权是指审计机关有权直接对被审计单位的违法行为依法予以处理处罚或提请有权处理的机关依法处理。具体来说，如《审计法实施条例》第47条规定："被审计单位违反审计法和本条例的规定，拒绝、拖延提供与审计事项有关的资料，或者提供的资料不真实、不完整，或者拒绝、阻碍检查的，由审计机关责令改正，可以通报批评，给予警告；拒不改正的，对被审计单位可以处5万元以下的罚款，对直接负责的主管人员和其他直接责任人员，可以处2万元以下的罚款，审计机关认为应当给予处分的，向有关主管机关、单位提出给予处分的建议；构成犯罪的，依法追究刑事责任。"可见，这体现了审计机关在处理被审计单位违纪违法行为时仅具有警告和罚款的直接处理处罚权，而处分和追究具体责任的处理处罚则需要提请有关机关或单位进行处理处罚。这就会导致在审计处理处罚阶段审计机关缺乏最终处罚权，审计机关必须将审计发现的问题移送公安部门、纪检部门或其他政府部门处理。再者，审计结果移送后，审计机关的主动性将会大打折扣，很少后续跟踪审计整改，这就造成了"屡审屡犯"，使得审计处理结果落实程度大大降低。

（六）通报和公布权

审计机关的通报和公布权是指审计机关可以向政府有关部门通报或者向社会公布审计结果。如《审计法》第40条规定："审计机关可以向政府有关部门通报或者向社会公布审计结果。审计机关通报或者公布审计结果，应当保守国家秘密、工作秘密、商业秘密、个人隐私和个人信息，遵守法律、行政法规和国务院的有关规定。"《审计法实施条例》第33条是关于审计机关的通报和公布权的具体规定，这是对《审计法》第40条规定作出了进一步规范。但需要强调的是，《审计法》第40条中的"可以"向政府有关部门通报或者向社会公布审计结果，反映了审计机关对是否公布审计结果，公布哪些审计结果等拥有较大的自由裁量权，这有可能导致涉及重大公共利益和公共管理的审计项目被"尘封"，在一定程度上削弱了审计监督权的公信力。

值得注意的是，在审计机关的权能运行中，存在审计机关的权能行使不规范，权能衔接不畅通甚至审计工作人员滥用职权等行为。审计机关权能运行中存在的问题降低了审计监督权的社会可信度，不利于审计工作公正客观的有效开展，这需要对审计机关的权能运行进行监督。例如，审计机关通过检查调查发现违法违纪事实后可能受到政府部门的"压力"而被迫不进行审计处理处罚，抑或是消极行使通报和公布权。又如，个别审计干部由于热衷吃喝、贪图享受，艰苦奋斗精神不足，作出违法违纪行为。"XX市审计局超标准款接待及局长施某公车私用"就是一个典型例子：其一，收受礼金问题。2010年2月，时任XX市审计局局长施某等26人在YY乡参加培训时，违规接受被审计单位每人500元礼金。其二，超标准用车和公车私用问题。2010年2月，经政府批准市审计局购置了一辆22万元以内的小汽车，3月又购置了一辆约27万元的斯柯达昊锐，且时任审计局局长施某存在公车私用行为。其三，违规组织公款旅游。2010年XX市审计局组织本局审计人员参加公款旅游多达42人次。其四，公务接待费超控制总额。2008—2010年，市局公务接待费按规定总数不应超过64万元，但实际上超支31万元。毫无疑问，上述行为违反了相关纪律和规定，XX市委遂对施某作出党内严重警告和行政降职处分决定。① 据此，审计机关在行使相关职能时更应该受到制约：一方面，通过增强审计权力运行考核追究机制的强度来规范审计机关的权能行使，同时消除审计工作人员违法违纪的侥幸心理。具体而言，可以将对权力运行的考核结果与年终考核、晋升职务、评功评奖等直接挂钩，对开展不认真、应付差事走过场的行政不作为、乱作为等行为按照规定处理。另一方面，加强审计工作人员的业务培训和职业道德教育，提高审计工作人员的业务专业性和增强审计工作人员的廉洁性。

---

① 韩冰.审计权力运行监控机制研究：以河北省为例［D］.石家庄：河北师范大学，2014：19.

第二节 审计监督权的定位

一、审计监督权的法理解释

目前学界对审计监督权的认识不一。有观点认为，审计监督权是一国法律明确规定的特定机构及其职业人员行使国家审计监督职能所享有的法定权力。另有观点认为，审计监督权是审计机关依法对国家财政、财务收支的真实性、合法性、效益性和国有资产的保值增值情况进行审计监督，其性质是一种行政权。前者从法律角度将审计监督权界定在法律明确规定的范围，强调审计监督权是一种法定权力，但尚未认识到审计监督权实质上是来自人民通过法律手段赋予国家审计机关的权力。后者虽然明确了审计监督权的范围，即包括国家财政、财务收支和国有资产，但该界定范围已不能适应新时代审计全覆盖的发展要求。本书认为，审计监督权是国家审计机关依照法律规定对涉及公共利益和公共管理的财政经济活动实行检查监督的权力。

第一，审计监督权实质上是来自人民监督国家的权力。审计监督权的产生和发展与社会经济关系，特别是与财产关系的发展变化有着直接的联系，财产所有者与财产管理者之间的分离以及相应形成的受托经济责任关系是审计产生与发展的客观依据和社会基础。人民依法缴纳税款，政府代理人民管理和使用税款，法律是确认人民委托政府对税款使用进行审计的载体，将人民的权利具体化为国家监督权力。由此可见，国家审计权力是人民权力在国家权力结构中的一种体现。因此，这种国家审计监督权就是人民通过法律让渡给审计机关的，法律是确认审计机关获得审计监督权的载体。

第二，审计监督权的行使体现政治权力的过程。政治权力是政治主体对一定政治客体的制约能力，是权力现象和权力行为在政治领域中的表现。审计监督是国家治理的内在要求，是国家政治制度的重要组成部分，是依法用权力监督制约权力的重要制度安排。进一步讲，审计机关隶属于行政系统，审计监督权自然而然也成为一种行政权力，这是审计监督的政治权力，也是审计机关承担的政治责任，审计监督权的行使体现了政治权力的过程。因此，审计监督权的依法独立行使对维护国家经济安全和社会稳定、全面推进依法治国、推进国家治理体系和治理能力现代化具有重要意义。

第三，国家审计监督权的内容范围应当顺应时代发展要求，从经济领域扩展至公权力行使的政治、社会生活等领域，应根据党的十八大提出的经济建设、政治建设、文化建设、社会建设、生态文明建设"五位一体"战略总布局的要求，来确定国家审计服务国家治理的重点内容。[①] 其一，在服务经济建设方面，国家审计应当依法履行审计监督职责，不断适应经济发展方式和主要矛盾的转变，推动经济体制改革深化、宏观经济政策落实，揭示经济社会运行中的风险隐患，为国内经济持续健康发展保驾护航；其二，在服务政治建设方面，应当在政府权力架构中发挥权力制约和监督作用，积极推动政府权力的优化配置和良性运行，进而推进政府的法治化和民主化；其三，在服务文化建设方面，应当依据文化建设政策找准服务方向，创新文化建设与审计职能结合的路径；其四，在服务社会建设方面，应当做好人民的"监督者"，揭示反映涉及"三农"、城市低收入群众以及教育、医疗、住房和社会保障等民生工程和资金的管理情况，在涉及民生问题上下功夫，监督公共资源的配置情况，维护社会和谐稳定；其五，在服务生态文明建设方面，应当顺应"绿水青山就是金山银山"的理念，反映资源开发利用和生态环境保护相关政策措施贯彻实施情况，促进自然资源与生态环境的保护与改善、生产生活方式的转变与调整，促进建设资源集约型、环境友好型社会。

第四，依法独立行使审计监督权对贯彻依法治国方略和推进国家治理体系和治理

---

① 杨亚军. 国家审计推动完善国家治理路径研讨会综述 [J]. 审计研究，2013（4）：14.

能力现代化具有重要意义。其一,依法独立行使审计监督权有利于贯彻依法治国方略。审计机关的设立和审计制度的建立是《宪法》规定的,审计的依据、程序和标准都是法定化的,审计制度是中国特色社会主义法治体系的组成部分,审计监督权是一种法律权力。严格按照法定程序和权限行使审计监督权本身就是一种"严格执法"的表现。除此之外,审计机关在行使审计监督权的过程中掌握了各项法律法规的贯彻执行情况,并通过深入分析和研究反映出的现行法律法规中存在的漏洞和问题,可以提出健全和完善的审计建议,从而促进法治建设。其二,依法独立行使审计监督权有利于推进国家治理体系和治理能力现代化。审计监督过程中通过严肃查处各种违法违纪问题,揭示和查处经济运行中徇私枉法、以权压法、以言代法等问题,揭示和查处严重损害群众利益、妨害公平竞争等问题,有利于促进有法必依、执法必严、违法必究,维护法律的权威和尊严。在"审计监督全覆盖"的要求提出后,审计监督的范围扩张到公共资源与国家公权力领域,这势必会强化审计监督在反腐败斗争中的作用,更加有利于国家治理环境的净化与国家治理能力的提升。[①]

二、审计监督的权能

(一)审计监督权的内涵

审计监督权作为一种政治权力、行政权力,是由国家法律明确赋予的。第一,审计监督权的主体是国家审计机关,《宪法》和《审计法》都明确规定了审计监督制度。国务院和县级以上地方人民政府设立审计机关,各级审计机关依照法律规定独立行使审计监督权。我国的国家审计监督权只能由各级审计机关行使,其他行政机关、社会

[①] 靳宁,何新容.审计全覆盖视域下的国家审计监督与审计法修改完善学术研讨会会议综述[J].南京审计大学学报,2016(4):110.

团体、内部审计机构、社会审计机构都无权行使国家审计监督权。因此，这表明我国审计监督权是隶属于行政体系，本质上属于行政机关的"大内审"。第二，审计监督的内容。《审计法》第2条规定了审计监督的内容。当前，我国审计机关的审计监督权的对象涉及了国务院各部门和各级人民政府及部门、企事业单位，权能内容涵盖了财政收支和财务收支。可见，当前审计监督权的主要内容仍然停留在财政经济活动上，但自党的十八届四中全会明确提出"审计全覆盖"后，审计监督权的对象不会仅仅局限于财政经济活动范围，更多的是为社会治理方向服务。

（二）审计监督权的范围

当前，我国审计监督权主要包括审计机关在依法进行审计监督中行使的调查、检查、审核，报告和处理等各项职权。值得注意的是，我国审计监督权的范围与别国不同，我国审计机关不仅享有处理处罚建议权，还享有独立的处理处罚权。针对财政违法行为，审计机关具有责令限期缴纳、责令限期退还、责令调整会计账簿等行政处理措施。而审计机关作为财政监督部门，是否应当拥有独立的行政处罚权，学术界存有争议。在笔者看来，我国审计机关的审计监督权包括行政处罚权，而这与我国国家审计实行行政型审计体制密切相关。行政型审计体制下，审计机关的审计监督权与其他行政主体的权力并属行政体系，相对于立法型与司法型审计体制来说，我国审计机关的地位较低，权威不足，独立性得不到保证。如果我国审计机关的审计监督权不包括行政处罚权，那么就更难保证审计机关的独立性和确保审计监督权的顺利行使。更何况，在新时代国家审计体制的背景下，"新常态"的经济格局、深化国有企业改革中的难题以及"全覆盖"的审计工作格局都对审计监督权提出更高要求。国家审计体制的改进与国家治理水平的提高密切关联，高水平的审计体制也能更好服务于更高的国家治理需求。① 因此，我国审计机关具有行政处罚权是与推进我国国家治理体系和治理能力现代化相适应的。

（三）审计监督权的特征

第一，强制性。从接受审计监督的角度来说，被审计单位、其他单位和个人不得拒绝、阻碍审计机关依法行使审计监督权，否则应承担相应的法律后果。可见，我国法律从审计监督对象的角度保证了审计监督权的强制性，确保审计机关顺利行使审计监督权，减少其阻力。

第二，广泛性。《审计法》从审计机关职责、审计机关权限和法律责任等方面对审计机关的审计监督权做了全面规定。其中，审计监督权的内容是只要涉及公共资金、国有资产和国有资源的使用和管理，涉及公共利益，就应当接受审计监督。审计机关的职能主要包括要求提供资料权、检查权、调查取证权、行政强制权、建议权和处理处罚权、通报和公布权等六项职能。可见，审计监督权无论是在监督内容还是监督权限方面都具有广泛性，且这种广泛性会随着"审计全覆盖"的不断深入更加突出。

第三，相对独立性。其一，国家权力的地位与作用是否独立主要取决于该权力是否具有宪法与法律上的担保。审计机关是接受人民的委托监督涉及公共利益和公共管理的财政经济活动，以维护国家的财政安全与经济秩序，维护人民的利益。审计机关的审计监督权是宪法赋予的，并通过法律使宪法规定具体化，而不是从其管理职能中派生出来的监督权。审计监督权不同于财政、税务、金融、工商行政、物价、海关等领域的经济监督。后者的监督职能是从具体管理职能中派生出来的附带职能，是为了执行具体业务而进行的监督，而审计监督却是独立的。它是由专门机构或专职人员进

---

① 郑玲，韦欣彤. 新时代国家审计体制的挑战与创新发展［J］. 财政监督，2019（19）：75.

行的经济监督，且独立于管理者之外，不参与具体管理活动。从这个层面来说，审计监督权是具有独立价值的国家权力。其二，审计监督权本质上就是一种政治权力、行政权力，加之我国审计机关设置在行政机关内部，使得审计监督权具有主动性、强制性等行政权色彩。国家审计机关既要监督具体的政府部门及政府工作，也要服务于政府治理与政府建设，与其他行政机关共同推进国家治理体系与治理能力现代化。从这个层面来说，审计监督权隶属于行政体系，具有附属性。综上所述，虽然审计监督权具有宪法上的独立监督价值功能，但是审计监督权隶属于行政体系的附属性又使得审计监督权的独立性并不是绝对的，而是一种相对独立性。

（四）新时代审计监督权的发展

国家治理的需求决定了国家审计的产生，国家治理的目标决定了国家审计的方向，国家治理的模式决定了国家审计的制度形态。[①] 新常态下，需要寻求国家治理现代化与国家审计现代化的互动，摆脱"路径依赖"的约束。[②] 审计监督权的正确行使对维护财经秩序，促进依法行政，深化反腐倡廉建设，推动审计工作更好地服务科学发展发挥重要作用。近年来，我国的经济社会形势发生了重大变化，审计环境发生了重大变化。党的十八届四中全会通过的《中共中央关于全面推进依法治国若干重大问题的决定》，国务院在2014年10月印发部署审计工作全覆盖的文件《国务院关于加强审计工作的意见》，以及中办、国办印发的《关于完善审计制度若干重大问题的框架意见》和《关于实行审计全覆盖的实施意见》，都强调要进一步发挥审计监督作用，推动国家重大决策部署和有关政策措施的贯彻落实。在党的二十大报告中，"高质量发展"是高频词汇

[①] 刘家义. 论国家治理与国家审计 [J]. 中国社会科学，2012（6）：64.
[②] 廖康礼，王玉勤，张永杰. 渐进与突破：国家审计制度变迁与优化的路径分析 [J]. 经济体制改革，2016（6）：16.

之一，同时，"创新""耕地红线""粮食安全""防范化解风险"也是关键词。为了把党的二十大的决策部署、目标任务细化落实到审计全过程各领域，应当坚持创新审计制度，充分发挥国家审计防范化解财政、金融、粮食等领域重大风险隐患的"免疫系统"功能，聚焦国家审计事业及其立法工作的高质量发展。总体来看，这些新时代的新情况、新布局都对审计监督权的发展指引了新方向。

第一，加强党对审计监督权的统一领导是适应新时代发展的伟大创举。自2018年中国共产党中央委员会根据《深化党和国家机构改革方案》组建中央审计委员会，各地成立省委市委审计委员会办公室，进一步发挥党对审计工作的统一领导作用。各地省委市委审计委员会通过召开会议的方式深入学习重要政治制度和各项讲话精神加强党对审计工作的领导，站在更高政治角度为新时代审计部署工作。但是，我国国家审计机关长期以来就隶属于行政体系，其层级平行于同级的其他政府部门。这种"同级或下级"的审计监督对象极大地弱化了审计监督的职能，也制约了审计监督在国家治理体系中的作用。我国国家审计事业发展进程的实践证明了，只有在党的统一领导下才能更好地保障审计监督权的运行，才能更有效地发挥审计的监督指导作用。

第二，新时代要求审计监督权的内容更广泛。其一，国家公权力的思想基础是人民主权思想，也即一切权力属于人民，国家公权力应当为人民服务并接受人民的监督。人民依法向国家缴纳税收，国家管理和使用人民的税收体现了一种受托经济责任关系。伴随着新时代经济高质量发展，人民生活水平日益提高，政府提供的基础设施、医疗教育、社会保障以及维护宏观经济稳定的税收支出范围也更广泛复杂，相应地国家审计监督权的内容和范围也应更广泛，使人民作为国家主人的权利得以保护。其二，新时代背景下，党中央根据我国新情况和新局势作出的各项重要方针政策都对审计监督权的内容提出了新要求。近些年来，随着惩治腐败力度不断加强，"高官下马"常有出现，部分党政机关干部和工作人员公款吃喝、违纪违法的现象时有存在，且贪污受贿的金额巨大。部分财政资金或国有资金闲置或使用不到位造成资源效率低下等,部分地区为追求经济高速发展而过度开采自然资源,引入高能耗高污染产业造成环境污染,破坏人民生活环境。审计机关作为人民的内部监督者应该发挥其审计监督职责,增强人民主体地位。对此,党的十八届四中全会通过的《中共中央关于全面推进依法治国若干重大问题的决定》提出,完善审计制度,保障依法独立行使审计监督权。对公共资金、国有资产、国有资源和领导干部履行经济责任情况实行审计全覆盖。此外,《中国共产党党内监督条例》等党内法规,也进一步明确了审计机关对党内干部监督的权力,这说明审计监督权的政治功能在不断强化。新时代要求审计监督权的范围覆盖国有资源的管理、使用、绩效和环境治理等方面,审计监督权的关注点应该从国家财政收支转变到我国经济发展以及经济发展与环境保护相协调上来。

第三,审计监督权应不断与我国国家治理能力现代化和治理体系的现代化相适应。党的十八届三中全会明确提出全面深化改革的总目标是完善和发展中国特色社会主义制度,推进国家治理体系和治理能力现代化。审计监督权作为国家治理体系和治理能力现代化的重要组成部分,在加强党中央对审计工作的集中统一领导,落实审计全覆盖的新时代要求,推动稳增长、促改革、调结构、惠民生、防风险、保稳定各项工作,为全面建成社会主义现代化强国作出积极贡献等方面具有重要作用。这就要求审计监督权持续组织对国家重大政策措施和宏观调控部署落实情况的跟踪审计,发挥促进国家重大决策部署贯彻落实的保障作用;强化审计在促进依法行政、推进廉政建设和推动履职尽责方面的监督作用。具体来说,审计监督权的正确行使有利于维护人民群众的根本利益,保障国家经济安全,为国家治理体系和治理能力现代化营造和谐的外围环境;有利于充分发挥内部监督职能,提高政府机关的"自律性",从政府机关内部直接提高国家治理体系和治理能力现代化。可见,审计监督权与新时代新要求相适应后,能更好发挥审计为国家重大决策的部署、贯彻和落实提供保障的作用,在提供科学的决策参考基础上维护国家经济安全。

第三节 审计处理处罚权的边界

一、审计处理处罚权与司法权力

（一）审计处理处罚权

审计处理处罚是国家审计机关为维护国家利益和财经法规的严肃性，对被审计单位违反国家法律法规的财政收支、财务收支行为在经济上和声誉上采取的惩戒措施。[1]审计监督是《宪法》《审计法》等法律赋予审计机关的基本职权，它是一种独立性很强的、高层次的国家监督制度。[2]为使审计监督对被审计对象产生足够的威慑，同时彰显审计相关法律由国家强制力保证实施的属性，赋予审计机关相应的处理处罚权力，殊为必要。审计处理处罚权是法律赋予审计机关对在审计过程中发现的被审计单位在财政财务收支及其有关经济活动中存在的违法违规问题依法进行处理处罚的权力，是审计法律责任制度的重要组成部分（一般规定在审计法律规范的法律责任章）。可以说，审计机关合法合理实施审计处理处罚措施是充分发挥审计监督作用的前提，事关国家审计的权威性问题。

一方面，我国审计机关具备行政处理处罚的主体资格条件，《审计法》《审计法实施条例》《财政违法行为处罚处分条例》等相关的审计法律、法规对审计机关的审计处理处罚权都有着明确的规定。以现行《审计法》为例，该法第45条规定，"对违反国家规定的财政收支、财务收支行为，依法应当给予处理、处罚的，审计机关在法定职

---

[1] 项文卫. 正确实施审计处理处罚［J］. 中国审计，2003（9）: 36.
[2] 庞茂明. 浅谈审计处理处罚权的运用［J］. 审计理论与实践，2002（11）: 10.

权范围内作出审计决定",显然,这是一个原则性的、较为笼统的规定,重点在于强调依法行政的原则。《审计法》第49条规定了审计机关的行政处理措施,即"对本级各部门(含直属单位)和下级政府违反预算的行为或者其他违反国家规定的财政收支行为,审计机关、人民政府或者有关主管机关、单位在法定职权范围内,依照法律、行政法规的规定,区别情况采取下列处理措施:(一)责令限期缴纳应当上缴的款项;(二)责令限期退还被侵占的国有资产;(三)责令限期退还违法所得;(四)责令按照国家统一的财务、会计制度的有关规定进行处理;(五)其他处理措施"。《审计法》第50规定:"对被审计单位违反国家规定的财务收支行为,审计机关、人民政府或者有关主管机关、单位在法定职权范围内,依照法律、行政法规的规定,区别情况采取前条规定的处理措施,并可以依法给予处罚",该规定表明了审计机关针对特定相对人具有"处理和处罚"的行政管理手段。

另一方面,要正确认识审计处理和审计处罚两者之间的关系,这是审计机关依法审计的最基本要求。从一般意义上讲,审计处理是一个较为笼统的范畴,它包括很多具体的行政行为,审计处罚也属于审计处理的一种具体行为。不过,鉴于审计处罚是审计处理的关键组成部分,其重要程度远甚于其他组成部分,方才将其单列出来与审计处理并称。事实上,审计处理和审计处罚既有一定的联系,又有较大的区别。从相关法律的具体规定分析,审计处理和审计处罚都是审计机关针对被审计单位财政财务收支违法违规事实所做出的具体行政行为的外在表现形式,或者说是一种管理措施。两者的相同点在于:(1)具有法定性,即审计机关必须根据法律法规的规定作出相应的处理处罚决定,不得任意而为;(2)具有强制性,即相对一方如逾期仍不执行审计处理处罚决定的,审计机关可依法申请人民法院强制执行。两者的不同点在于:(1)审计处罚具有法律制裁属性,是典型的损益行政行为,会对相对人产生直接的负面影响,因而具有惩戒性;而审计处理通常是为了保证相对人能够严格履行其原来就存在的法定义务而采取的一些管理办法,通常不具有惩戒性。(2)审计处罚的形式较为固定,一般包括给予警告、通报批评、罚款、没收违法所得等;而审计处理则较为多样、灵活,责令被审计单位限期作出整改是其中的一种典型形式。

(二)司法权力

习近平总书记指出:"司法活动具有特殊的性质和规律,司法权是对案件事实和法律的判断权和裁判权。"[①] 作为国家权力体系的重要组成部分,司法权是由特定的国家机关依其法定职权和一定程序将相关法律适用于具体案件的专门化活动而享有的权力。通说中的司法权力一般仅指法院行使的审判权,并不包括检察机关的检察权。从实质内容上理解,司法权是一种执行权和裁判权,实际上也是一种监督权。从这一意义上讲,尽管审计处理处罚权与司法权是两种不同性质的权力,但两者仍然具有一定的衔接与配合的空间,能够共同服务于全面依法治国基本方略,推进国家治理体系和治理能力现代化。

(三)审计处理处罚权与司法权力的关系

审计处理处罚权与司法权力是两种不同性质的权力,但两者是紧密配合与衔接的关系,共同服务于全面依法治国基本方略,推进国家治理体系和治理能力现代化。

第一,审计处理处罚权本质上是一种行政权力,其行使的主体是隶属于行政系统的审计机关,审计处理处罚权的法律依据属于行政法范畴,其主要作用在于通过行政处罚维护国家利益与财经法规的严肃性。而司法权力是一项独立于立法权和行政权的权力,具有高度的独立性,也具有终局性的特点,其主要作用在于通过解决权利冲突

---

① 中共中央文献研究室.习近平关于全面依法治国论述摘编[M].北京:中央文献出版社,2015:102.

与纠纷以维护法律价值体系。

第二，审计处理处罚权与司法权力是紧密配合与衔接的关系。从惩罚措施的原理角度来看，审计处理处罚类似审判机关对犯罪行为的惩罚，都是通过对违法违纪或犯罪行为的惩罚，对该行为起到抑制作用，从而抑制犯罪的传染效应。审计处理处罚权与司法权力的衔接配合关系体现在审计处理处罚权是司法权力的前置程序，两者先后对被审计单位的违法违纪行为进行处理，司法权力具有终局性效果。《审计法》第47条、第48条和第52条等都对被审计单位设定了严格的法律责任，而对被审计单位法律责任的追究，需要由国家司法机关或国家授权的行政机关来执行。当审计机关行使审计处理处罚权后仍不能达到预期的目的效果或超出审计机关权限时，这时司法权力可及时介入，进而对被审计单位的违法犯罪行为进行归责和惩戒。

第三，审计处理处罚权与司法权力共同服务于全面依法治国基本方略，推进国家治理体系和治理能力现代化。审计处理处罚权是审计部门依法对违纪违法单位和个人履行职责的重要手段，通过行政执法程序将违法行为遏制在行政阶段，从而减轻司法程序的压力。司法权力的介入处理及时地弥补了审计处理处罚权强制性效力不足的缺点，以更客观独立的审判权对违法违纪行为进行惩处，有利于维护国家经济秩序，确立审计权威，服务经济建设。可见，两者相互配合衔接成为遏制违法行为的一种高效手段，对全面依法治国和推进国家治理体系和治理能力现代化具有重要作用。

二、审计处理处罚权的执行

（一）审计处理处罚权的具体规定

第一，审计处理处罚权的主体。不难看出，《审计法》第50条中的"依法给予处罚"的明确含义就是，审计机关以法律、法规和国家其他有关财政收支、财务收支相关法律、法规来进行审计评价和处理、处罚。这就从法律角度界定审计机关具备了有关法律、法规和国家其他有关财政收支、财务收支的规定的执法主体资格。[①]

第二，审计处理处罚权的适用对象。审计处理处罚权的对象即审计监督的对象，是指当审计监督的对象存在违反国家规定的财政、财务收支行为或者违反《审计法》的行为时，审计机关采取的惩戒措施，否则，审计机关无权处理处罚。非审计监督对象，如民营企业、个体工商户等，若存在违反财务收支以及其他违法违规行为问题，则不属于审计处理处罚权的适用对象。

第三，审计处理处罚权的执行依据。《审计法》通过"依照法律、行政法规的规定"赋予了审计机关审计处罚权，但这里只是把审计处罚权作为一种行政权力加以法律化，审计机关在作出审计处理处罚时并不能直接适用这一法条作出审计处理处罚，还需要依照其他法律、行政法规中的处罚的具体规定作出审计处理处罚。

第四，审计处理处罚权的执行内容。根据现行《审计法》及其实施条例对审计处理处罚权的具体规定，可以看出审计处理处罚种类主要包括警告、通报批评、罚款、没收违法所得和依法采取的其他处罚。不难发现，上述可采取的行政处理措施其实属于一种较低强度的处理处罚权，可能并不足以对被审计对象产生足够的威慑。

第五，审计处理处罚权的执行程序。审计机关执行审计处理处罚的基本程序为审计机关中的内部法制机构进行复核，对重大审计处罚事项，应当召开审计业务会议专题研究；对符合听证程序的情况应当履行审计听证程序；在审计决定书上明示被审计单位享有申请行政复议的权利；在规定时间内送达被审计单位并取得签收回执等。执行程序的遵守有利于保护审计机关与被审计单位双方权利义务。

第六，审计处理处罚权的执行救济途径。《审计法》第53条规定："被审计单位对

[①] 陕西省审计厅课题组.审计机关处理处罚权主体资格问题研究［J］.现代审计与经济，2008（1）：12.

审计机关作出的有关财务收支的审计决定不服的,可以依法申请行政复议或者提起行政诉讼。被审计单位对审计机关作出的有关财政收支的审计决定不服的,可以提请审计机关的本级人民政府裁决,本级人民政府的裁决为最终决定。"可见,审计处理处罚权的救济途径主要有两种:一是申请行政复议或提起行政诉讼;二是提请审计机关的本级人民政府进行终极裁决。

(二)执行审计处理处罚权的现实困境

第一,审计处理处罚的依据不恰当。审计处理处罚的依据不恰当的具体表现有:其一,处理处罚依据不具体。实务中出现审计机关直接将《审计法》及其实施条例作为被审计单位违反财政收支、财务收支行为的处理处罚依据,对被审计单位违法行为进行处理。但其中的内容仅是对审计机关的处理处罚权的原则性规定,具体行政行为还需要更加具体的法律、行政法规作为执法依据。其二,处理处罚依据适用混乱或超越职权适用。例如,部分审计机关在审计决定书上将相关法规全部罗列,法律法规之间没有层级之分,亦没有主次之分。又如,一些审计处理处罚依据是审计机关无权适用的法律法规。其三,处理处罚没有依据或为无效法规。在审计实践中,有些问题只有定性依据却没有处理处罚依据,或者只有处理处罚依据却没有定性依据,更有甚者,有的审计人员直接适用已经失效的法律文件。这些审计实践中存在的问题与审计机关工作人员的业务素质密切相关。[①]

第二,审计处理处罚权的执行程序不规范。作为一种行政执行权,审计处理处罚权的执行必须符合程序合法适当的基本要求。《审计法实施条例》第39条第1款规定,审计机关提出审计报告前,应当书面征求被审计单位的意见。该条例第46条第1款对

---

① 班凤欣.审计定性和处理处罚中存在的问题及其规范[J].审计月刊,2010(12):24.

审计机关送达文书作出了具体规定。该条例第 50 条规定，审计机关在作出较大数额罚款的处理处罚决定前，应当告知被审计单位和有关人员有要求举行听证的权利。但在审计实务中，部分审计机关并未按照法定程序开展工作，例如，在提出审计报告时未事先征求被审计单位的意见；在作出审计处理处罚时未告知被审计单位有要求听证的权利，或未按照被审计单位的要求举行听证程序；审计决定书中未明示被审计单位有申请行政复议的权利；审计文书未在规定时限内送达被审计单位。可以说，审计处理处罚权的执行程序是否合法会直接影响审计处罚能否执行落实。

第三，审计处理处罚权的自由裁量权空间过大。《审计法》（2006）及现行《审计法实施条例》赋予了审计机关有选择处理处罚种类和处理处罚幅度的权力，但这就导致在审计实务中经常出现"对不同单位的相同违法违规问题处罚不同"的有失执法公正的问题。[①] 而且，这一问题在《审计法》（2021）中也未得到有效解决。具体来说，当审计机关面对不同单位违反法律法规情况时，审计机关可能会根据与被审计单位的"人情关系"程度作出要不要处理处罚、实施何种处罚措施以及处罚程度的决定。因此，审计处理处罚权的自由裁量权空间过大是导致审计处罚有失公允的重要原因，并在一定程度上消减了国家审计监督的权威性。

（三）审计处理处罚权执行问题的成因分析

我国审计处理处罚权在执行过程中存在处罚权的依据不恰当、执行程序不规范和执行自由裁量权空间过大等问题，这一系列问题既受到国家审计法律制度本身和我国行政体制因素的影响，又与审计工作人员的综合素质密不可分。

第一，审计处理处罚权相关法律法规可操作性较为欠缺。《审计法》及《审计法实

[①] 覃卫群. 浅谈审计处理处罚难的成因及其对策 [J]. 中国审计，2003（15）：45.

施条例》赋予了审计机关审计处理处罚权，并对此作出了规定，但其中部分规定可操作性欠缺。例如，审计机关处罚权的行使需要其他部门的配合才能顺利落实，处分和追究具体责任的审计处理处罚需要审计机关提请有关机关或单位。这就直接导致了审计处罚难，审计处罚落实更难的问题。而且，其中所规定的审计机关选择审计处理处罚种类和幅度的权力，可能在法律层面为审计机关打开了自由裁量的"大门"，在配套措施没有跟上的前提下就会导致审计处罚在实际执行过程中的效果大打折扣。

第二，行政型管理体制的制约。我国的国家审计属于行政型审计管理体制。由于审计工作长期处于本级人民政府和上一级审计机关的双重领导管理下，在地方的局部利益与国家的整体利益或人民利益相冲突时，审计工作便进入了两难境地。在审计实践中，还存在"权大于法"的现象。例如，有的领导出于地方和部门利益的考量，忽视了审计监督和处理处罚的重要性，甚至"以权压法"，干预处理处罚的落实。又如，有的领导利用职权影响，或明或暗给审计机关"打招呼"，为相关利害关系人说情，袒护违法违纪。再如，有的领导干部以加强对审计工作的领导与监督为名，干扰正常的审计工作的开展。因此，审计机关在作出审计处罚时可能受到各利益方的影响，致使审计机关迫于外来干涉和压力而作出处罚较轻的审计决定，间接导致审计处理处罚权在执行中出现各种程序和实体上的问题。

第三，审计工作人员的综合素质有待提升。无论是选择审计处罚的依据，还是面对利益相关方的"威逼利诱"，审计工作人员的综合素质都直接影响着审计处罚的效果。审计工作人员的专业知识储备和更新欠缺、职业敏感性不足以及审计工作人员受"重处罚，轻处理"思想的影响，都在一定程度上导致审计处罚的依据不适当以及程序不合法等问题。

（四）完善审计处理处罚权执行的建议

第一，改革现行审计管理体制。审计处理处罚权是我国审计机关的特有权力。一般来说，在施行立法型审计、司法型审计和独立型审计体制的国家，审计机关都不具备处理处罚权。我国现行审计管理体制下，审计机关的处理处罚权在遏制腐败、制约公权力方面起到了重要的作用。针对当前审计独立性不足的问题，行政型审计管理体制改革已势在必行。在这个过程中，审计处理处罚权的执行一定要顺应改革的方向，与法治建设以及国家治理体系和治理能力现代化建设相向而行。其中，最关键的环节在于严格遵守"审计处理处罚法定原则"。审计处理处罚权的执行不仅要做到依据和形式法定，还应施行程序法定，最大限度地保证国家审计监督权的权威和被审计单位的权利，例如，审计机关不得因为被审计单位或相关人员的申辩而加重处罚。此外，我国可以通过建立或完善相关配套制度，诸如严格审计责任追究制度，审计机关查、处分离体制，重大审计处理处罚项目报告说明制度和审计处理处罚咨询制度等，以提高审计处理处罚权的质量，更好发挥审计监督的作用。

第二，规范审计处理处罚权中的自由裁量权。当前，国家审计监督"全覆盖"使得审计监督的领域进一步扩大，审计行为愈发复杂多样，迫切需要对审计机关处理处罚权中的自由裁量权进行规范。一方面，审计处理处罚权的行使要遵守"审计处理处罚公正原则"。审计机关应当以法律为依据、以事实为准绳来作出相应的处罚决定。我国应在梳理审计自由裁量权相关法律依据的基础上，进一步明确不同违纪违法行为的处理处罚标准，以期为审计机关及工作人员提供客观、科学的处理处罚标准，从而规范审计处理处罚权的行使，提高审计工作的质量。另一方面，审计处理处罚权的行使要遵守"审计处理处罚公开原则"。自由裁量权是一种容易被滥用但又有存在的必要性的公权力，对它进行制约是必要的。我国审计处理处罚的公开性，无论是在内容还是在对象上，尚有很大的提升空间。因此，我国应进一步完善审计信息披露义务，以此作为对审计机关的一种约束和控制。当审计机关在行使审计处理处罚权的时候，如果必须向社会公开处理处罚的依据、种类和幅度等内容，审计机关在行使自由裁量权的时候自然会多一分考量和谨慎。

第三，加强审计队伍建设，提高审计工作人员的综合素质。一方面，我国应形成一系列健全高效的审计人员管理制度、审计人员分类制度、职业保障制度、审计专业技术资格制度和审计职业教育培训体系，同时，增加高端骨干人才的数量和比例，实现审计人才的总量和结构同审计事业的总体发展相适应。另一方面，从中央审计委员会到各地审计机关都应当全面贯彻落实党的十九大、十九届历次全会和二十大精神，深入贯彻习近平总书记系列重要讲话精神，大幅度提升审计队伍整体能力素质，培训中既要加强审计、会计业务知识培训，也要重视法律法规及思想政治的学习，全面提高审计人员执法能力，增强审计人员的政治意识和服务意识。

三、审计处理处罚权的限制

（一）限制审计处理处罚权的理据

审计权产生的理据是产权理论与受托经济责任理论，对审计承担的职能作用最科学的认识是原审计长刘家义提出的"免疫系统"论，即预防、揭示和抵御。[①] 再者，审计处理处罚权的理据在于威慑理论和博弈理论。此处的威慑理论在于通过对犯罪行为的处理处罚既可以使行为人决定不再犯罪，又可以威慑潜在的罪犯选择放弃犯罪；在此处的博弈理论中，当受到政府的干预时，审计机关越坚持独立、公正地开展审计工

---

① 刘家义. 国家治理现代化进程中的国家审计：制度保障与实践逻辑 [J]. 中国社会科学，2015（9）：66.

作，被审计单位作假的概率越低。洛克政府观是限制审计处理处罚权的重要理据。洛克提出以社会契约的方式构建政府，创立了以保障个人权利为目的、以法治和分权为运行方式的有限政府理论。[①]洛克认为，契约的签订既是为了限制权力的执行者，也是为了约束权力的拥有者，无论是参与还是授予都需要遵守契约的内容。政府的权力不是政府的私有物品，应该是通过法律条例约束的公共权力，每个人包括政府本身既受其保护也受其约束。洛克认为，建立有限政府需要通过对政府权力的制约，在此基础上扼杀政府的一些妄为，其目的在于让人民的权利更好地受到政府保护，使政府权力真实有效地作用于人民，这也是自由主义的立场与标志，同时是防止"大政府"出现的主要方式。[②]因此，审计处理处罚权作为审计机关的行政权力同样具有扩张性，也需要对审计处理处罚权进行限制，使人民的权利得到保护。

（二）限制审计处理处罚权的具体内容

第一，审计处理处罚权的行使主体要适格。审计机关在行使审计处理处罚权时应当具备合法的行政主体资格，这在《宪法》《审计法》《审计法实施条例》等专门的审计法律法规中都有明确的规定。例如，《审计法》第45条、第49条以及第50条的规定都与审计处理处罚权相关。其中，"依照法律、行政法规的规定……依法给予处罚"的明确含义就是审计机关依照相关法律、法规来进行审计评价和处理、处罚，这也从法律角度界定了审计机关需要具备相应的执法主体资格。需要指出的是：其一审计处罚的主体是国家审计机关，不包括社会审计组织和内部审计机构；其二审计处罚的主体包括审计机关及其授权的派出机构，不是审计机关的内设审计业务机构或审计组，

---

① 约翰·洛克. 政府论［M］. 杨思派，译. 北京：中国社会科学出版社，2009：206.
② 杨海坤. "平衡论"与"政府法治论"的同构性：以政府与人民法律地位平等为视角［J］. 法学家，2013（4）：11—20.

也不是审计机关的个人。

第二，审计处理处罚权的适用对象要合法。《审计法》第49条是对政府部门违反预算或者其他违反国家规定的财政收支行为处理的规定。根据该条款，审计机关、人民政府或者有关主管部门（单位）对本级各部门和下级政府违反预算的行为或者其他违反国家规定的财政收支行为，在法定职权范围内，依照法律、行政法规的规定采取处理措施。属于审计机关法定职权范围内的，应由审计机关依照有关法律、行政法规的规定予以处理；属于政府或者有关主管部门职权范围内的，应当交由政府或者有关主管部门依法处理。可以看出，审计处理处罚权主要涉及与财产相关的处理处罚，而涉及违法人员人身的处理处罚则另行规定。《审计法》第50条是对被审计单位违反国家规定的财务收支行为的处理、处罚决定。值得一提的是，对于审计查出被审计单位违反国家规定的财务收支行为，审计机关、人民政府或者有关主管部门应当在法定的各自的职权范围内，区别情况采取前述第49条所规定的措施。由此可见，审计机关并不能对人身权直接作出处罚，而是采取建议和提请处理处罚的方式，由有关部门作出处理处罚决定。

第三，审计处理处罚权不能超出审计机关的法定职权范围。审计机关的处理权主要包括：责令限期缴纳应当上缴的款项、责令限期退还被侵占的国有资产、责令限期退还违法所得、责令按照国家统一的财务、会计制度的有关规定进行处理和其他处理措施。审计机关的处罚权主要包括：警告、通报批评；罚款；没收违法所得；依法采取的其他处罚措施。审计机关在上述权限范围内可以结合具体法律法规的规定进行处理处罚，超出上述范围则是越权，诸如责令停产停业、暂扣或者吊销许可证、暂扣或者吊销执照、行政拘留等都不是审计机关的权限，审计机关不能行使。

第四，审计处理处罚权属于具体行政行为，须满足程序合法正当的要求。《审计法实施条例》第39条、第50条以及第46条对征求被审计单位意见、告知听证权利以及文书送达等作出了具体规定。现代法学理论非常重视程序正义的问题，因为正义不仅要实现，更要以看得见的方式实现。审计程序合法正当，对保障审计结果公正、保证审计工作质量和提高审计工作效果都有非常重要的价值和意义。中共中央办公厅、国务院办公厅在《关于实行审计全覆盖的实施意见》中也指出，明确各项审计应遵循的具体标准和程序，提高审计的规范性。作为一项具体行政行为，如果程序违法就无法进入实体执行程序。这就要求审计机关在进行处理处罚时应严格遵守程序，降低审计风险。

（三）限制审计处理处罚权的问题与建议

限制审计处理处罚权的真正目的在于防止审计权力滥用，但目前审计处理处罚中存在的一些问题阻碍了该目的的实现，这些问题大都与越权处理处罚有关，主要表现在两个方面：一方面，对被审计单位与财政收支和财务收支无关、与审计全覆盖所规定的审计范围无关的审计事项进行处理处罚，例如，对一些企业没有按照规定程序进行招标投标的行为，审计机关直接按照《招标投标法》的相关规定进行处理处罚。另一方面，运用审计法律法规中没有规定的行政处罚手段进行处理处罚，例如，审计机关擅自吊销被审计单位的营业执照等。解决上述这些问题的关键在于明确界定审计机关行使审计处理处罚权的范围和依据，同时建立健全针对审计处理处罚权滥用的问责机制。唯此，才能确保审计机关在法定职权范围内正确行使审计处理处罚权、准确把握执法主体资格。

第四节 审计公告制度的实现

一、审计公告制度的内涵

（一）审计公告制度的定义

何谓审计公告制度？学界对其定义尚存在一定的分歧，主要观点如下：第一，权力论。该观点认为，审计公告制度是指由法律法规赋予监督管理权的政府部门即各级审计机关，以法定形式，将审计报告、决定书和意见书等审计结果向社会公众公告的一种行为准则。[①]该观点将审计公告制度视为一种权力，尤其是监督管理权的行使。第二，监督论。该观点认为，审计公告制度是审计机关对被审计单位存在问题的事实、意见、结论和建议，采用适当方式向社会公众进行公开的制度。[②]这种观点侧重于从监督与被监督的关系去论述审计公告制度的内涵。第三，纠错论。该观点认为，审计结果公告制度就是审计机关将审计结果通过传播媒介向社会大众公开，利用社会舆论这一工具促使审计查出的问题得到纠正和落实的一系列规范体系。该观点将审计公告制度视为一种"外力"，即通过审计监督这种"外力"来促使被审计单位纠正和规范自身行为的一种制度。

任何制度的产生和发展都有其特定的渊源，因此，我们可以运用不同的理论，或从不同的视角去探索。有学者运用公共受托经济责任，[③]新公共管理，[④]权力的制度约

[①] 姚君皎.国家审计结果公告制度的探讨[J].当代会计,2015(2):41.
[②] 师范中.政府审计结果公告制度存在的问题及改进建议[J].财会研究,2012(8):66.
[③] 秦荣生.公共受托经济责任理论与我国政府审计改革[J].审计研究,2004(6):16-20.
[④] 钱啸森,李云玲.关于推行和完善审计结果公告制度的思考[J].审计研究,2006(2):24-28.

束、公共选择与现代反腐机制①等理论去探索实施审计公告制度的意义。有学者从经济学、政治学、管理学和社会学等多学科视角分析审计公告制度建立的理论基础。例如，有学者利用认知心理学相关理论，以官员道德自律为视角探讨了审计结果公开对官员腐败行为的作用及其心理机制，认为提高审计结果公开程度与抑制官员腐败行为在一定程度上呈正相关关系。又如，有学者从经济、法学、政治学和社会学等多维度对审计公告制度进行全方位解读，以考察该制度的本质、生存空间和存在的意义。②"横看成岭侧成峰"，学者们结合多学科理论背景和知识体系形成的研究成果，可以为我们进一步探索审计公告制度提供方法论上的有益借鉴。

从上述不同表述以及研究视角可以看出：一方面，审计公告制度是政府信息公开的重要环节。社会主义市场经济本质上是法治经济，党和国家建立依法行政、公开接受监督、公共信息资源共享的法治政府已成为社会主义市场经济建立和发展的必经之路。政府信息公开是对法治政府的基本要求。在世界范围内，一些法治国家对政府信息公开十分重视，几乎都通过立法对信息公开进行规定，以保障公民享受充分的政府事务管理的知情权、参与权、民主监督权和信息资源共享权。审计本身是法治国家的支柱之一，法治逻辑本身也必须贯彻到支撑法治的制度支柱中去，否则就是在沙滩上建设法治大厦。③据此，审计公告制度的产生和发展具有历史必然性和优越性。作为政府信息公开的一个重要组成部分，审计公告制度可以科学、客观地对政府公共财政管理进行反映和评价，有利于政府及其部门行为的公开和透明，进而促进政治文明建设和社会的和谐发展。因此，审计结果公告是审计机关的法定义务，即以公告为原则、不公告为例外，除涉及国家安全和商业机密等内容外，审计结果均应当做到向全社会

---

① 湖北省审计学会课题组. 我国审计结果公告制问题研究 [J]. 审计研究, 2003 (6): 39-43.
② 尚兆燕. 审计结果公告制度的不同解读 [J]. 审计与经济研究, 2008 (4): 22-26.
③ 刘旺洪. 审计法学 [M]. 北京: 高等教育出版社, 2019: 35.

公告。

另一方面,审计公告制度是公众参与监督的重要渠道。审计作为一种权力,必然存在寻租的可能,它可能被审计机关及其审计工作人员用来与审计对象进行交易,或者对审计对象进行报复,故审计必须受到制约、受到监督,违法审计要承担法律责任。审计公告制度有助于防止审计权被滥用。首先,审计公告制度是国家权力对公民权利的一种返还。众所周知,国家权力来自公民权利的让渡,法律是最高权力机关代表全体人民制定出来的,具有宪法下的最高权威性。因此,公众参与监督既是审计公告制度的应有之义,更是人民群众基本权利的充分表达,它有利于推进行政监督与社会监督、法律监督和舆论监督的有机结合,实现权利对权力的监督和制约。其次,国家审计"免疫系统"论的本质是人民群众对政府资金使用情况的监督。审计公告制度对社会公众获取政府工作的有关信息需求、保障公众的知情权和参与权等权利、通过公众参与和监督政府公共财政管理、实现对公共权力的监督和制约,促进依法行政,具有十分重要的意义。

(二)审计公告制度的理据

实行国家审计公告制度是衡量一个国家民主、法治水平的重要标志,有利于保障人民群众的知情权、参与权、监督权等基本权利。[①] 制度的建立离不开理论的支撑,两者之间应当实现有机统一。正是基于这种认识,我们需要从理论层面去审视审计公告制度。

第一,公共受托责任关系理论。审计公告制度的理论依据主要源自公共受托责任关系理论。在公共受托责任关系理论中,社会公众提供公共资产,政府接受社会公众

---

① 孙平.我国政府绩效审计发展研究[M].北京:经济日报出版社,2018:98.

的委托并对这些公共资产进行管理,由此,在作为委托人的社会公众和受托人的政府之间产生了一种公共受托责任关系。为保证这种公共受托责任的顺利履行,即需建立和健全一种监督检查机制,此乃国家审计产生的根源。更进一步讲,国家审计是受人民委托对国家管理者承担的公共受托责任进行监督的行为,公共受托责任的主体是政府及其公共资产具体管理者,其范围是公共资产领域,内容包括事项责任和报告责任。在这种关系中,公民是委托人,享有监督权,并根据政府履责情况决定是否继续授予权力;政府是受托人,要根据委托人意愿合理运用权力,积极寻求委托人利益最大化,并承担行为责任和报告责任。简言之,政府有义务保证公共权力合理行使,委托人有权通过监督方式保证公共权力不被滥用。

作为一种将政府履责评价情况向社会公布的行政机制,可以从公共受托责任关系的角度考察审计公告制度:其一,审计公告制度可以满足社会公众监督政府履责情况的需求。审计公告的产生源于政府与人民之间信息不对称,向社会公布审计结果保障了人民的知情权、参与权、表达权、监督权,促进政务信息公开化、透明化,维护民主法治,是国家治理的客观需求。审计结果公告是国家审计发展的必然趋势,它作为一种政治制度安排必将在国家治理中发挥重要作用。其二,审计公告制度可以加强对审计机关代理行为的制约。在我国当前的行政型审计体制下,受托人严格按照委托人的要求或标准行事只是一种理想化的期望,由于作为受托人的政府和委托人的社会公众之间存在利益博弈,故审计的独立性和监督效果不免受到影响。审计公告制度是公共受托责任的表现形式,它要求政府对公共资产的运用情况进行公示,有利于委托人对受托人实施的代理行为进行监督,制约其权力,避免受托人为实现自身利益而使委托人的利益遭受损失。其三,审计公告制度有利于社会公众决定是否解除政府受托责任。随着公共受托责任的不断拓展,社会公众愈加关注政府的履责情况。《利马宣言》提到,最高审计机关必须实现审计工作的特定目标,如恰当有效地使用公共资金、建立健全财务管理、有条不紊地开展政府的各项活动、通过客观性报告的公布向公共当局和公众传播信息等。因此，审计机关在对政府履行受托责任的情况进行独立认定后，应当最大限度地将审计相关信息以报告、公告等多种形式向政府和社会反馈，人民可以据此决定是否解除政府的责任。

第二，新制度经济学理论。20世纪70年代中期以来，新制度经济学以新古典经济学研究范式为基础，对部分假设条件进行修正，开始重视制度因素对经济增长的作用。新制度经济学坚持有限理性假设，将信息不对称、不完全和机会主义行为等纳入制度分析框架，诸如交易成本理论、制度变迁理论和产权学派无一不是从"理性人假设"的视角去研究制度的相关问题。审计公告制度作为一种制度，自然也可以用新制度经济学的方法来分析。

一方面，关于实施审计公告制度的必要性。按照新制度主义经济学的理论解释，由于交易主体的有限理性，在信息不完全、不对称和环境不确定的条件下，追求私利的机会主义行为会引起交易主体的利益冲突，进而提高交易成本、减少合作剩余，但通过制度设计、明晰与界定产权，可以抑制人们的机会主义行为，降低交易成本。[①] 作为政府审计监督机制的重要构成要素，审计公告制度在本质上是一种政府的承诺。这种承诺由政府主动发出，对信息不完全、不对称和环境不确定的局面进行修正，从而降低政治成本并促进信息的有效流通，进而提升政务信息透明度和政府行政效能，激发社会公众主动参与国家监督的动力。简言之，审计公告制度可视为连接政府和社会公众的沟通桥梁，它打破了政府的信息垄断并抑制其机会主义行为，有利于引导社会公众参与国家监督事务。

我国实施审计公告制度的必要性，至少可以从国家、审计部门、被审计单位和社会

---

① 张桂文，张光辉. 马克思主义政治经济学与新制度经济学研究范式的比较分析[J]. 当代经济研究，2019（11）：49.

公众四个视角来进行分析：其一，国家视角。审计公告制度能够降低行政成本、提高行政效率，形成对权力的约束和制约，有利于国家民主法治建设、公开文化培养和审计事业发展，有利于政府依法行政、公开接受监督、更好地履行相关职能和维护国有资产安全。其二，审计部门视角。审计部门通过审计公告制度将审计结果向社会公开，能够有效落实法律法规赋予的监督管理权，有助于自身建立良好的声誉机制。这是因为，审计部门和被审计单位之间也存在一个动态的重复博弈过程，在重复发生的博弈中，审计部门通过获得并维护一个涉及其未来行动的信誉进而获益。[1] 其三，被审计单位视角。被审计单位和审计部门之间存在一种类似于政治契约的关系，具有高度的不确定性，因为被审计单位可以利用信息或资源优势影响审计结果。但是，审计公告制度的实施将被审计单位置于舆论压力和社会监督之下，它就必须遵守既定契约框架，从而助推被审计行政部门或国有企业建立科学的政绩评价机制或管理体系，遏制权力寻租，降低交易成本。其四，社会公众视角。审计公告制度有利于保障社会公众知情权和参与权，以保障他们获取审计结果相关信息。同时，社会公众在参与过程中所带来的社会和舆论监督，还能在一定程度上强化国家审计的监督效果和助推审计公告制度的完善。据此，实施审计公告制度所带来的潜在收益大于实施成本，或者说不实施审计公告制度将会加大社会的交易成本，这在客观上形成了对审计公告制度的内在需求，并推动了制度的产生。

另一方面，关于审计公告制度的演进与变迁。按照新制度主义经济学的理论解释，任何制度的安排，都是人们按照"成本-效益"分析框架比较和选择的结果。诺斯等指出："如果预期的净收益（指制度变迁的潜在利润）超过预期成本，一项制度安排就会被创新。只有当这一条件得到满足时，我们才可望发现在一个社会内改变现有制

---

[1] 胡波. 论政府审计公告制度：新制度经济学的分析视角[J]. 中央财经大学学报，2009（5）：93-94.

度和产权结构的企图。"[①] 可见,制度创新的内在动因在于"成本-收益"的分析权衡,制度变迁的主要经济动机在于获得制度收益和减少制度成本或交易费用。此外,制度中交易各方的力量博弈决定了制度变迁的模式——诱致性变迁和强制性变迁:前者是人们在争取获利机会时自发倡导或组织实施;后者则是由政府命令和法律形式引入和实行。囿于我国特殊国情,尤其是审计部门的独立性不强,审计公告的"公共物品"属性和制度变迁的路径依赖决定了审计公告制度难以"自下而上"地自发形成。相反,它往往是在特定的背景下由国家权衡收益和成本后作出的抉择,即我国审计结果公告制度的演进属于"自上而下"的强制性变迁。

在"成本-收益"分析框架下,首先,审计公告制度的成本包括以下四个方面:其一,制定成本,即国家制定或修改审计公告制度所需付出的成本,包括调研和制定需要耗费的人力、物力和财力成本等;其二,统筹成本,主要是统筹各级审计机关实施审计公告制度所需花费的成本;其三,受阻成本,制度的演进充斥着各方利益的博弈,任何制度的实施或改变都可能损害部分群体的利益,进而引发这部分群体对新制度的抵触或阻碍,给制度变迁带来巨大冲击;其四,风险成本,如果向社会公众公告审计结果,可能会暴露政府在履行公共受托责任中存在的问题,由此破坏党和政府在人民群众中的形象,降低社会公众对政府的信任甚至引发社会风险。其次,关于审计公告制度的收益,我们可以从国家、审计部门、被审计单位和社会公众四个方面进行讨论,相关论述与"实施审计结果公告制度的必要性"相似,此处不再赘述。当社会经济发展进入新时代,制度变迁是经常性的,如果缺乏精细的"成本-收益"分析,整个社会将为此付出巨大的代价。随着国家治理体系和治理能力现代化的不断推进,实施审计公告制度的实践经验逐渐积累,相关配套措施也逐渐完善,制度供给成本得

---

① R.科斯,A.阿尔钦,D.诺斯.财产权利与制度变迁:产权学派与新制度学派译文集[M].刘守英,等译.上海:格致出版社,上海三联书店,上海人民出版社,2014:191.

以降低，而潜在收益则越来越高，据此，我国审计公告制度将在政府的推动下进一步完善。

二、我国审计公告制度的实践

（一）我国审计公告制度的发展历程

我国审计公告制度起步较晚，2003年以前，审计公告制度的相关规定或类似规定散见于一些法律法规之中。总体上看，这一阶段我国审计公告制度的发展可以概括为"两步走"：第一步，1985年出台的《国务院关于审计工作的暂行规定》是最早对审计报告作出规定的文件，该规定明确了审计报告的重要地位。由于全国人民代表大会是人民行使国家权力的机关，审计署向全国人大常委会作工作报告，与面向全社会的审计公告具有目标上的一致性，即向人民公开审计结果相关信息，故该文件可视为我国审计公告制度发展的"第一步"。第二步，1994年颁布的《审计法》是首次以立法形式确立审计公告制度的文件，其中规定的"审计机关可以向政府有关部门通报或者向社会公布审计结果"可以视为我国审计公告制度发展的"第二步"。随后，1996年审计署发布《审计机关通报和公布审计结果的规定》、2001年审计署颁布《审计机关公布审计结果准则》、2002年审计署颁布《审计署审计结果公告试行办法》，这些规定进一步细化了有关审计公告的内容，诸如审计公告的内容、程序和方式等。通过上述脉络，可以看出这一阶段我国审计公告制度呈现"从无到有"的发展态势，并初具雏形。

2003年是审计"风暴年"，审计公告制度的发展开始步入"从有到优"的快车道。2003年6月，时任审计署审计长的李金华作《关于2002年度中央预算执行和其他财政收支的审计工作报告》，除涉及国家秘密的内容外，审计工作报告首次全文对社会公布。审计工作报告措辞严厉，直面财政资金分配、项目审批等方面的问题，不仅揭示了诸如财政部、教育部和民政部等国务院部门一级预算单位违法使用资金的事实,还涉及两万多个二级、三级单位的问题。此外,除财务收支审计外,审计工作报告还对重大损失浪费、由于决策失误造成严重问题的建设项目进行了批评,同步揭露了金融审计和国企审计中的重大案件。同年7月,审计署出台了《审计署2003至2007年审计工作发展规划》,提出"推行审计结果公告制度,充分发挥社会舆论监督作用"。同年12月,审计署发布了我国第一份审计结果公告——《审计署关于防治非典型肺炎专项资金和社会捐赠款物审计结果的公告》,由此打开了审计机关公告审计结果的大门。2004年,审计署首次试点公布了9家国务院组成部门的年度预算执行审计结果。2006年,审计署对原有制度文件进行修订并重新印发了《审计署公告审计结果办法》,规定通过公开出版《审计署审计结果公告》向社会公告审计结果,据此,审计署公告审计结果实现制度化。2008年,为强化审计的"免疫系统"功能,发挥审计在国家治理中的作用,实现提前发现问题、促进整改、预防违规情况,无论是审计结果公告,还是向全国人大常委会报告的审计工作报告,公告的时效性要求逐年增加。2010年修订的《审计法实施条例》进一步规范了审计结果报告的内容,取消了原条例对审计机关公布审计结果的审计事项范围的限制,并就公布对社会审计机构的核查结果和对上市公司审计结果的程序作了特别规定。这样更有利于全面、客观和公正地评价和反映审计情况,为政府、人大和社会公众加强管理和监督提供了更加全面和可靠的信息,体现了经济社会发展对审计工作的新要求,是制度上的一大进步。[1]近年来,随着审计公告的力度越来越大,涵盖范围越来越广,审计公告制度日臻成熟。此外,地方审计机关也在积极落实审计公告,并不断改进完善,逐渐制度化。

---

[1] 刘家义. 深入学习贯彻审计法实施条例 充分发挥审计免疫系统功能[J]. 审计研究, 2010(3): 3-4.

（二）我国审计公告制度的立法现状

在我国现行法律法规中，关于审计公告制度已有许多明确的规定：其一，宪法层面。《宪法》第2条"中华人民共和国的一切权力属于人民……人民依照法律规定，通过各种途径和形式，管理国家事务，管理经济和文化事业，管理社会事务"和第27条"一切国家机关和国家工作人员必须依靠人民的支持，经常保持同人民的密切联系，倾听人民的意见和建议，接受人民的监督，努力为人民服务"的规定，可视为对人民知情权的隐含规定。公民享有对国家公共权力执行情况的知情权，是审计公告制度最根本的法律依据。

其二，法律层面。现行《审计法》第40条规定："审计机关可以向政府有关部门通报或者向社会公布审计结果。审计机关通报或者公布审计结果，应当保守国家秘密、工作秘密、商业秘密、个人隐私和个人信息，遵守法律、行政法规和国务院的有关规定。"该条款赋予审计机关公告审计的权力，是审计公告制度最直接的法律依据。需要注意的是，《审计法》对审计结果公告的态度是"可以"而非"应当"，且该规定在《审计法》的结构体系中属于审计机关的"权限"而非"职责"。可见，向社会公布审计结果是审计机关的一项任意性权力而非强制性义务。

其三，行政法规层面。《审计法实施条例》沿用了《审计法》（2006）关于审计公告制度的基本立法精神，该条例第33条对审计公告制度依然是"可以"公告，但其中"对上市公司的审计、专项审计调查结果"作了特别规定，即"应当在5日前将拟公布的内容告知上市公司"。总体上看，《审计法实施条例》对公告的时间、渠道等内容尚未作出明确规定，难以为审计公告制度的实践提供具有可操作性的指导。《政府信息公开条例》对政府信息公开的原则、方式、范围和程序等问题作了规定，但并未专门提及审计信息。诚然，审计信息是政府信息的重要组成部分，该条例在某种程度上为审计公告制度提供了法律保障。此外,《财政违法行为处罚处分条例》规定了审计等监管机关可以公告单位和个人的财政违法行为并作出处理处罚。《全面推进依法行政实施纲要》从国家层面要求"除涉及国家秘密和依法受到保护的商业秘密和个人隐私的事项外,行政机关应当公开政府信息"。这两个条款分别就审计机关公告审计结果的权力与义务作出规定。

其四,部门规章层面。审计署为了规范审计署公告审计结果工作,提高审计结果公告质量,根据《审计法》第40条和国务院《全面推进依法行政实施纲要》,于2006年印发了《审计署公告审计结果办法》,该办法明确了审计署公告审计结果的范围为原则上都应公告。该办法第3条规定:"凡审计署统一组织审计项目的审计结果,除受委托的经济责任审计项目和涉及国家秘密、被审计单位商业秘密的内容外,原则上都要向社会公告。"该办法对各地审计机关制定地方性审计公告制度具有重要指导意义。

其五,地方性法规层面。在政府信息公开的要求下,为贯彻落实《审计法》,以及落实审计署、地方人大等对审计结果公告工作的要求,各地方审计机关相继制定了审计结果公告相关制度,诸如《江苏省审计机关审计结果公告暂行办法》《浙江省审计厅审计结果公告管理办法(试行)》《南宁市审计局审计结果公告暂行办法》等。目前我国共有32个省级审计机关,市县级审计机关更是不计其数,囿于篇幅所限,本书无法一一列举。但通过比较这些制度可知,各地方审计机关几乎都是参照《审计署公告审计结果办法》来制定本行政区域内的审计公告制度,其结构和内容基本一致。

(三)我国审计公告制度的问题剖析

我国审计公告制度经过二十多年的发展,政府和社会公众都已经认识到其重要性。随着国家治理体系和治理能力现代化的持续推进,审计公告制度逐渐成为完善国家治理过程中的重要路径。然而,从当前制度现状及执行情况来看,审计公告制度尚且存

第三章 ‖ 国家审计机关的权力与责任

在诸多不足。

第一,授权性规定缺乏刚性约束。如前所述,现行《审计法》第40条只是一条授权性规定,即审计机关"可以"向社会公布审计结果。此外,无论是《审计法实施条例》《国家审计准则》等行政法规或部门规章,抑或是各省相关的地方性审计法规,对审计机关向社会公告审计结果的规定几乎都使用了"可以"一词进行表述。虽然"可以"能够在一定程度上对制度的实施起到倡导或促进作用,但这种任意性规范因缺乏法律上的刚性约束,使得公告审计结果成为审计机关的"权力",而非"义务"。公开或不公开审计结果由审计机关根据自身情况随意作出决定,由此导致实践中存在大量以"不公告为常态,公告为例外"的现象。据此,民众获取的政府信息量相对减少,国家对审计公告的法律保障自然就会降低,显然这与该制度的制定初衷背道而驰。因此,我国应当明确规定审计公告的强制性,并建立相应的法律约束机制,以便为社会公众了解政府履职情况、参与国家治理提供通畅的渠道,最终推动国家治理的完善。

第二,审计公告审批程序不科学。当前,我国实行"行政型"审计体制,审计机关隶属于国家行政机构,对政府负责并报告工作。这种体制的最大弊端在于审计机关缺乏足够的独立性和权威性,难以对政府及其部门在履职过程中的公共资源使用和管理情况进行有效审查和评价,审计结果公告制度也无法得到真正落实,尤其在制度的审批流程方面。例如,根据《审计署审计结果公告试行办法》第6条[①]和《山东省审计厅审计结果公告试行办法》第7条[②],在审计结果需要公告时,审计机关必须经过本级

[①]《审计署审计结果公告试行办法》第6条规定:"审计结果公告应当符合下列审批程序:(一)中央预算执行情况和其他财政收支的审计结果需要公告的,必须经过国务院批准同意;(二)向国务院呈报的重要审计事项的审计结果需要公告的,应当在呈送的报告中向国务院说明,国务院在一定期限内无不同意见的,才能公告;(三)其他审计事项的审计结果需要公告的,由审计署审批决定。审计署机关各单位、派出审计局、驻地方特派员办事处不得发布审计结果公告。"

[②]《山东省审计厅审计结果公告试行办法》第7条规定:"审计结果公告应当经过省政府审核批准。向省政府提交的审计报告,拟向社会公告的,应在报告中予以说明;未向省政府提交报告但拟向社会公告的,应逐项报省政府批准。发布审计结果公告可以不再征求被审计单位意见。"

政府的批准和同意。根据受托经济责任理论，在受托责任关系确立后，客观上就存在授权委托人对受托人实行监督的需要。由于审计是以人民作为委托人行使并执行的，审计成果属于人民，审计结果也理应直接向社会公众公告。如果将政府的批准或同意作为公告前置程序，基于政治、经济和社会等诸多方面因素，政府很可能会对审计结果公告加以干预，由此将直接削弱审计机关公告审计结果的决定权。在这个过程中，审计公告审批程序繁杂，独立性和科学性难以保证，向社会公众公告或解释的内容无疑是经过"筛选"或"美化"的结果，此举限制了审计职能的有效发挥，是对制度设计初衷的异化。是故，要想从根本上解决问题，对"行政型"审计体制进行改革迫在眉睫。

第三，审计结果公告不完全。目前，我国审计结果公告属于不完全公告，主要涉及以下三方面的问题：其一，审计结果公告率低。就我国当前的审计体制来说，不公告是常态。虽然近年来我国审计机关审计结果公告率在不断上升，但这一比例仍然较低，与"以公告为原则，以不公告为例外"的要求相去甚远。其二，审计结果公告范围较窄。公告审计结果的项目应是列入年度审计项目计划，或者是根据要求调增的计划项目。但实践中主要针对有关部门预算执行和其他财政收支方面的审计结果进行公告，有关绩效审计、经济责任审计和其他依申请公开的审计项目等层面的公开比例还有待提高。审计结果公告率低和公告类型单一，意味着相关审计信息在政府和社会公众之间尚存大量空白，而又没有一项法律法规对这些未公开的审计信息作出规定，降低了审计公开的透明度、削弱了社会公众的监督权。其三，审计结果公告避重就轻。公开审计结果需要"实打实"，除涉及国家机密等内容都应该对外公开。然而，实践中却存在审计报告只涉及被审计单位信息和表面评价，或仅公开容易整改或不痛不痒的问题等情况，而对财务经营情况、资产结构和现金流量等核心问题，重大投资决策和项目审批、重大物资采购和招标投标、国有资产和股权转让等关键环节，以权谋私、失职渎职和内幕交易等重大问题,以及领导干部履行经济责任的问题,却避而不谈、搞选择性"失明"。

第四,审计公告方式单一。审计公告的操作方法其实有很多种,例如,既可以在新闻媒体、重要会议、固定栏目、新闻发布会等公布审计结果,还可以将一些比较重要的财政审计结果以审计通报的形式进行发布。然而,根据以往的审计公告实践可知,审计结果大部分是在各级地方政府的官方网站进行公告,几乎没有涉及报纸、杂志、电视等传统媒介,也极少会利用微博、微信公众号等新媒体平台。此外,就已经公告的审计结果的内容来看,它往往局限于以文字性描述来进行基本情况的介绍,较少使用更能直观、清晰表示审计结果的图片和表格等。审计结果的公告发布应当做到及时、透明和公开,以接受社会大众的监督。而审计公告方式单一直接导致审计结果对社会公众缺乏吸引力,也间接削弱了审计公告的社会影响力。

三、审计整改督查

审计公告制度应当保证公开透明,实现双向化循环模式,无论信息发出还是反馈,都要实现传播价值。而这种价值的实现依赖于传播者与被传播者的受众程度,其传播的本质决定了传播者与被传播者是一个相互影响及交流的过程。是故,我们在强调审计公告制度重要性的同时,更要高度重视审计查出问题的整改工作。审计整改作为国家审计活动的最后一个环节,肩负着打通实现审计目标"最后一公里"的重要使命,不仅是实施依法行政的客观要求,更是治理"屡审屡犯"的必要手段。[1] 从内在动因讲,如果审计发现问题不被重视、得不到整改,前面的工作做得再好,也是无用功,而且

---

[1] 钱弘道,谢天予. 审计全覆盖视域下的审计法变迁方向及其逻辑[J]. 审计与经济研究,2019(3):22-31.

还会形成"破窗"效应。[①]

　　审计整改督查环节在国家治理体系中的作用不可忽视。一方面，审计整改督查是实现审计价值的必要保证。审计报告、决定等只有通过被审计单位及相关单位的整改，纠正违法违规问题和改进薄弱环节，才会发挥作用。另一方面，审计整改督查是促进国家良治的重要途径。对在审计中发现的具有规律性、普遍性的问题进行深入分析，提出有效的建议，落实整改的措施办法，才能从制度体制层面防范化解风险，从而实现国家治理的目标。不得不提的是，当前审计整改中仍然存在问题：一是被审计单位整改意识薄弱，常常避重就轻、带着侥幸心理蒙混过关；二是审计机关只"审"不"计"，审计整改力度不大，有重审计、轻整改的现象；三是整改效果评价标准不一，易形成相互仿效的"破窗"效应；四是整改问责机制不够完善，缺乏相关监督管理部门间的协作，尚未形成审计整改工作推进机制。

　　审计查出问题的整改落实情况受到社会公众普遍关注，是审计工作的关键，也是保障审计权限的重要一环。因此，必须强化对整改工作的督促检查和对各环节责任人的追责问责。由于审计建议非强制性的属性无法改变，从而加大了整改落实的阻力，诚然，审计报告提出的建议难免有可操作性弱的部分，但是审计建议仍是填补制度和内部控制漏洞的有效措施，应得到充分重视，因而应明确规定审计建议的实施责任，同时沟通反馈机制必须在双方评判审计建议可实现性是否充分的过程中发挥作用。必须建立审计整改信息反馈机制，使审计机关与被审计单位及其上级单位实现信息联动，逐步健全长效机制，发挥审计监督的震慑和风险防范作用。对于拒绝整改的情况，主要通过通报批评或报告机制形成压力，促进被审计单位整改。

　　审计整改督查属于一种事中事后监督方式，监督检查依法属于审计机关审计监督

[①] 刘红霞.面对审计整改追问，部长们这样回答[N].新华每日电讯.2020-12-27（002）.

对象的被审计单位执行审计结果的情况。对此，各地审计局通过制定和发布责任清单对审计整改督查环节进行重点强调和落实。例如，绍兴市诸暨市审计局发布的部门责任清单，以及杭州市审计局发布的工作责任部门清单都规定了审计整改督查的监督检查对象、督查内容、督查方式、督查措施、督查程序、督查处理等内容。具体而言，其一，审计整改督查的对象是依法属于审计机关审计监督对象的被审计单位。其二，审计整改督查的内容主要包括执行审计处理处罚决定的情况；要求自行纠正事项采取措施的情况；根据审计建议采取措施的情况；对移送处理事项采取措施的情况。其三，审计整改督查的方式主要有审计项目组织实施部门对审计发现问题的整改情况进行监督检查；审计组负责审计移送处理事项的跟踪和督促；专项督查；联合督查等方式。其四，监督检查措施主要包括申请有关部门扣缴应予以扣缴的审计财产执行内容；申请人民法院强制执行；列入年度审计执行督查以及其他措施。其五，审计整改督查的处理方式可以包括：对典型普遍或重大违纪问题向有关部门反映并公开讲评；向干部管理监督部门、公安、检察院以及有关职能部门等提供审计结果以及有关其他情况。审计整改督查对积极促进被审计单位健全和完善规章制度，规范财政财务管理，提高资金使用效益，确保审计发现的问题得到及时有效整改具有重要意义。

审计成果是审计工作的核心，审计整改督查是落实审计成果的根本保障。可见审计整改督查的重要性。对此，需要建立审计整改督查长效机制以确保审计整改督查落到实处。其一，建立审计整改报告制度。审计机关要将审计结果在被审计单位的一定范围内予以通报，指出具体责任和明确的整改要求。被审计单位要在规定时间内向审计机关和有关部门报送整改情况报告。其二，落实审计整改责任追究制度。审计机关要依法明确、划分违法违纪问题行为人的责任，把审计整改工作的第一责任人明确为被审计单位的主要负责人，把审计结果和整改情况，作为评价领导干部履行经济责任、考察任用干部和考核部门年度工作的重要内容之一。其三，实行审计整改公告制度。

审计机关要在做好审计结果公告的基础上，逐步实行审计整改公告制度，引入社会监督和舆论监督。通过新闻媒体宣传报道审计整改典型，要有区分地对不同整改态度的单位实现"软公平"，对拒不整改或屡审屡犯的单位予以公开曝光；对整改效果比较好的，特别是由此带来了较大经济和社会效益的，要予以充分肯定。其四，完善审计整改问责机制。通过对被审计单位的领导责任人的问责抓审计整改工作。被审计单位主要负责人负责整改单位自身存在的问题；主管部门督促下属单位整改；对无正当理由拒不落实或整改不力的，纪检监察、组织人事等部门按照规定、程序和干部管理权限对被审计单位负责人、主管人员及经办人和当事人进行问责。

四、审计建议与审计标准的修订

（一）审计建议的修订

审计建议是指审计机关就审计过程中所查出的问题及错弊向被审计单位提出的纠正建议。目前，从审计机关的审计建议情况来看，普遍存在"重审计决定，轻审计建议"的问题。也就是说，部分审计机关在作出审计建议时，对其是否契合被审计单位的运行实际这一重要问题并没有作进一步地深入分析，由此导致审计建议流于形式。据此，建议加快《审计法》及相关法律、法规对审计建议的修订工作，同时在提出审计建议时应当明确三条主线：一是推进依法行政，关注权力运行，揭露重大违法违纪问题；二是深入被审计单位和项目的实施现场，积极获取有利于作出审计建议的各种信息，保证审计建议针对性强、切实可行；三是建立健全审计回访制度，这是实现审计建议效应最大化的后续保障，也是检验审计建议是否具备可操作性的必要手段。

(二)审计标准的修订

审计标准是审计人员在审计过程中用来判断和评价被审计事项、作出审计结论和得出审计意见的依据。审计标准按其性质和内容的不同,可以分为法律、法规,规章制度,预算、计划和合同,业务规范和技术经济标准等。此外,按来源不同,审计标准可以分为外部制定的审计标准和被审计单位内部制定的审计标准。从审计标准的分类即可看出,其具有鲜明的层次性和客观性,是判断审计事项是非、优劣的准绳。但是随着经济社会的持续发展,国家审计所面临的新情况、新问题和新挑战不断出现。于是,审计理念也在同步更新,由强调监督向强调监督与服务并重转变;审计范围也在拓宽,由监督财政收支、财务收支活动向着更广阔领域发展,如政策落实审计、绩效审计、政府投资建设项目审计、经济责任审计、环境保护审计等。在此情况下,审计标准的适用性和时效性无疑会受到一些影响。据此,为了进一步提高审计标准的权威性,需要对其进行相应的调适。也即,审计标准应根据时代发展和实践要求进行革新并作出相应修订,使其能够顺应上述这些变化,并做到见微知著,提高审计质量,最终促进国家审计事业的发展。

第四章 《审计法》（2021）解读

《审计法》制定于1994年，自1995年1月1日起开始正式施行。《审计法》是审计领域的基础性法律，自实施以来，在保障审计机关依法独立行使审计监督权、促进国家重大决策部署贯彻落实、推动全面深化改革、推进党风廉政建设、维护国家经济安全、促进全面依法治国等方面发挥了重要作用。为了紧密结合时代发展做到与时俱进，我国于2006年对《审计法》进行了第一次修改。党的十八大以来，中国经济发展进入新阶段，党和国家对审计工作提出了更新、更多、更高的要求。自彼时起，一个不争的事实也已浮现：《审计法》（2006）已经无法适应经济社会的迅速发展，法律的滞后性凸显，因而亟须对其进行修改完善。在此背景下，《审计法》的第二次修改也随之提上日程。2021年5月，国务院常务会议通过《审计法（修正草案）》。2021年10月，十三届全国人大常委会第三十一次会议表决通过《关于修改〈中华人民共和国审计法〉的决定》，修改后的《审计法》于2022年1月1日起正式实施。新法已立，接下来要做的即是释法，处理好法律文本与语境之间的关系。要发挥法律解释的作用，使《审计法》（2021）妥帖融贯于既有的秩序规则，特别是要对有关修订的现实意义和内容变化进行深入探讨，而不仅仅是"就法说法"。下文将对《审计法》（2021）进行体系化解读，希冀有助于该法全面有效实施。

第一节 《审计法》(2021)的重大现实意义

2021年修改《审计法》,旨在解决新时代背景下政府审计工作的一系列根本性、方向性、全局性问题,为国家审计事业的进一步发展提供根本遵循和正确指引,具有十分鲜明的特点。对《审计法》(2021)的理解是实施的前奏,《审计法》(2021)实施的核心是其意义的释放。需要意识到,虽然法律的意义是由文本文字所框定的,但要获取相对客观的意义,或者说将文本的可能意义转化为现实意义,需要逻辑推论,从体系思维的角度做到尽法达义、穷法达理、持法达变。与第一次《审计法》的修改相比,此次修改是在1982年《宪法》确立新中国审计监督制度近40年之际,因此具有截然不同的重要意义。具体来说,可从新时代、新思想、新要求、新经验、新实践、新依据这六个维度,对《审计法》(2021)的现实意义进行全方位、多层次的解读。

一、《审计法》(2021)适应了新时代

自党的十八大以来,"新时代"一词成为社会科学研究中的热点词汇,而且逐渐进入官方的话语体系。新时代意味着我国经济社会发展进入了一个新的阶段,相应地,我国社会主要矛盾业已发生根本性转变,更加聚焦于解决新时代中的不平衡不充分问题。在新旧矛盾的交替碰撞中,亦即在旧矛盾逐渐解决、新矛盾不断出现的过程中,我国发展的环境和条件已经出现重大变化。与此同时,国家审计工作也站在新的历史起点上,进入新的发展阶段。在此背景下,国家审计所承担的任务会日趋繁重、所面临的挑战也会日益加重。如此一来,为强化审计监督提供法治保障是《审计法》必须回应的中国之问、时代之问。面对新形势下的新任务与新挑战,我们需要从新的时代

坐标、新的历史方位，科学认识和全面把握国家审计新的发展动向。就此而言，审计法律制度如何快速适应时代变迁、直面时代课题，又如何有效促进当下新矛盾的解决，是新时代国家审计创新发展亟待解决的突出问题。作为标志着新时代的一部重要法律，《审计法》（2021）具有以下特点：它充分彰显了当下审计监督制度落实上的新高度，进一步增强审计结果的运用，着力打通审计整改最后"一公里"；它直面当下审计法律实践中面临的新问题，回应了数字经济时代大数据审计所带来的制度挑战和规则需求；它与当下的《民法典》《个人信息保护法》等法律法规制度相衔接，将保护个人信息作为审计机关和审计人员应当履行的职责和义务；它是对新时代背景下审计理论和实践不断发展创新的有力回应，更进一步地说，它回应了社会对审计监督在推进国家治理现代化方面发挥更大作用的期望。可以说，《审计法》（2021）感知时代律动、把握时代脉搏、顺应时代潮流，该法的精神要义和工作要求契合中国特色社会主义进入新时代这一重大政治论断所明确的时代趋势，有着充分的时代依据。

二、《审计法》（2021）体现了新思想

《审计法》（2021）不是"闭门造车、关门立法"，它有着深刻的法律思想和理论渊源。随着中国特色社会主义进入新时代，党的指导思想也在同步更新，与时俱进。党的十八大以来，围绕着"新时代坚持和发展什么样的中国特色社会主义、怎样坚持和发展中国特色社会主义"，中国特色社会主义理论体系实现了新飞跃，即产生了习近平新时代中国特色社会主义思想。作为马克思主义中国化的最新成果，这一新思想内涵丰富，涵盖了党和国家建设的方方面面。在推动法治中国建设方面，它要求在国家治理中把依法治国摆在更加重要的地位，强调用新理念、新战略引领新时代的立法工作。这也就意味着，在国家审计领域，我们拥有了引领中国特色社会主义审计事业发展的新思想。同时，新思想也是国家审计立法工作的价值引领和行动指南，有利于推动新

时代的国家审计立法工作开创新局面、迈上新台阶。可以说，党的十八大以来，我们在审计法治建设上取得的所有成就，根本在于习近平新时代中国特色社会主义思想尤其是习近平法治思想的正确指引。《审计法》（2021）全面体现了习近平新时代中国特色社会主义思想，是贯彻落实习近平法治思想的重大举措，它的立法技术、逻辑和内容都可见"中国特色"的身影。更确切地说，它是党的意志、人民意志的立法表达，通篇贯彻了"以人民为中心"的理念和"推进依法行政、建设法治政府"的精神，是新思想在审计法治领域的鲜明体现。

三、《审计法》（2021）满足了新要求

随着社会经济不断发展，经济社会生活中各种利益关系在不断变化，《审计法》在实施过程中必然会遇到一些新情况新问题，也给审计立法提出了新课题。审计立法不仅应对中国审计法治实践具有精准的解释力，还应对中国审计理论体系和话语体系的变革具有强大的引领力，尤其是要适应中国经济社会发展进步新需要，配合国家的战略需求。新形势下，国家审计在国家政治体系和经济体系中将发挥越来越重要的作用，也将承载更多的功能预期和使命担当。基于这样的新定位，党中央及时对审计工作作出了一系列重大决策部署，提出了更多新要求，2021年《审计法》的修改也及时将这些决策部署要求写入其中。党的十八届三中全会首次提出"国家治理"的概念，不仅标志着国家治理体系和治理能力现代化新要求的出现，同时也标志着国家审计所面临的外部治理环境将发生重大变化。这一定程度上说明，一方面，国家治理需求是国家审计发展的根本动力；[①]另一方面，国家审计也须积极回应国家治理体系和治理能力现代化所提出的新要求。为此，党的十八届三中全会以来，党中央、国务院就完善

---

① 张军，许海晏.论审计在国家治理中的作用：从经济监督到国家治理"免疫系统"[J].当代经济研究，2015（3）：74.

国家审计制度先后出台了一系列重要文件。之后，党的十九大提出"改革审计管理体制"，进一步整合审计力量。党的十九届三中全会提出"加强党中央对审计工作的领导"，决定组建中央审计委员会这一国家审计最高决策机构。党的十九届四中全会指出要"发挥审计监督职能作用"，并促进审计监督与其他各类监督的相互协调与配合。这些具体要求实际上都为国家审计制度的进一步发展指明了方向，且基本已在《审计法》（2021）中得到贯彻落实。总体上看，《审计法》（2021）满足了党中央、全国人大、国务院以及人民群众对审计工作的新要求与新期待，落实了对审计机关权力以及被审计单位权益的制度保障，顺应审计实践发展要求。

四、《审计法》（2021）总结了新经验

法律是在人们的经验生活中被发展的，即"经验"为法律提供内容。这也正如美国大法官霍姆斯在《普通法》一书中所言，"法律的生命不在于逻辑，而在于经验"[1]。"全部历史变革的最深刻的基础就是对理想的认识和现实的经验之间或隐或显的冲突"[2]，以此言之，虽然法治的观念性与改革的实践性时常出现矛盾，但也正是依托于既有的改革经验，我们才有了逐步接近法治理想之可能。目前我国还在推进中国式法治现代化，审计法律体系的出现也只是法治进程中的阶段性成果，也因此，"改革先行法治附随"仍不失为一种行之有效的法治改革观。纵观我国审计法治几十年来的发展历程可以发现，审计法律制度不断发展、成熟的原因，主要在于审计理论研究人员和工作人员经过长期探索后的经验总结。而这些经验的来源主要在于：针对国家审计制度中存在的突出问题，党中央、国务院及其有关部门，陆续出台了一系列政策性文

---

[1] 小奥利弗·温德尔·霍姆斯.普通法[M].冉昊，姚中秋，译.北京：中国政法大学出版社，2006：1.
[2] R.M.昂格尔.现代社会中的法律[M].吴玉章，周汉华，译.北京：中国政法大学出版社，1994：144.

件，持续加强了审计法治建设的顶层设计；各地方结合本地审计工作的实际情况，也相应出台了一大批针对性强、实效性好的地方性政策，有效解决了行政区域内出现的各类审计问题。上述这些政策措施的实行，不仅推动了审计监督工作的顺利开展，而且为国家审计立法积累下了诸多宝贵的成功经验。可以说，《审计法》从2006年修改到2021年这15年间，形成了诸多可复制、可推广的有效经验。这些行之有效的经验和做法，需要通过审计立法的方式予以总结固定，以期妥适协调改革和立法的关系。其中，最典型的基于经验的调整在于国家审计范围的拓展：从2010年修订的《审计法实施条例》开始对"两个收支"的审计范围进行细化，一直到2015年中共中央办公厅、国务院办公厅下发《关于实行审计全覆盖的实施意见》明确实行政府审计全覆盖的目标要求，国家审计监督的范围不断延伸并涵盖了对公共资金、国有资产、国有资源、领导干部履行经济责任情况的审计，已经远远超出原有的"两个收支"的规定。[①]《审计法》（2021）亦遵循此经验路径，进一步明晰、扩大了审计范围。

五、《审计法》（2021）立足于新实践

法律经验来自法律实践，法律作为经验的科学，不仅注重理论探讨，而且强调法律实践。审计监督制度在我国经济社会发展中具有独特的地位与作用，审计法律制度的每一次变迁也都会引起全社会的广泛关注。审计立法需要与时俱进，立足于新的审计实践。的确，所有对审计立法的期许，诸如明确性、完备性、典范性、权威性等都需要接受时间、实践的检验。也正是因为如此，我国在审计法治化建设方面一直秉承着制度规范与实践探索相统一的基本原则，在审计实践方面积累了不少好做法。新时代中国特色审计法律制度需要重新定位国家审计功能以推进国家治理现代化，目前来

[①] 李明辉. 审计监督全面覆盖：涵义与实现路径［J］. 南通大学学报（社会科学版），2020（6）：82.

说，国家审计实践已经回应国家治理的现实需求并进行了重大改革，对审计机关人财物管理、审计管理体制和审计监督范围等方面都进行了实践探索并取得一定成果。但是，这些成果并没有以条文规定的形式及时在《审计法》（2006）中体现出来。《审计法》（2006）中相关规定的缺失显然与审计现实的需要不相匹配，会导致一些审计实践工作的开展于法无据，不利于发挥国家审计在国家治理和依法治国中的重要作用。当前，中国特色审计法律制度已经基本建立，但随着市场经济的不断完善和国家治理的不断发展，尤其是党的十八大以来出现的一系列治国理政的新理念新思想新战略，审计法治的思维路径面临着理论滞后与实践突进的鸿沟。对此，应当充分强调新时代的审计基本法律制度要从本土实践即中国的实践特色出发，解决当代中国的实践问题。可喜的是，立足于新的实践探索、聚焦于实际工作需要，《审计法》（2021）将党的十八大以来审计实践中的成熟做法与创新成果通过法律的形式制度化、规范化，着力解决了审计工作中遇到的突出问题，为今后审计实践的进一步发展提供了良好的法律保障。

六、《审计法》（2021）提供了新依据

《审计法》（2021）特别注重正视、解决中国当代产生的一些审计监督问题。例如，近年来地方金融机构频发金融风险事故，严重影响了金融稳定和社会安全，中国开始将防范化解系统性金融风险视为三大攻坚战之一。《审计法》（2021）第22条第2款对此作出回应：遇有涉及国家财政金融重大利益情形的，审计署可以对民间金融机构进行审计调查。这正式以法律的形式确立了金融审计制度的现实发展指向，为金融审计工作的进一步拓展提供了可靠的法律依据。需要说明的是，国家审计活动是一种法治

活动,依法进行审计,是国家审计的重要特征。①《审计法》(2021)的出台,本质上是一项新的法律依据的出台。在审计法治发展的进程中,《审计法》并非在孤立地发挥作用,而是与《宪法》以及其他法律规范共同发挥作用。②《审计法》在我国审计监督法律制度体系中具备最高的效力,是《审计法实施条例》《国家审计准则》等其他审计法律法规制定的重要立法依据。以《审计法实施条例》为例,其与《审计法》的配套实施能够合力发挥更大效用,增强审计立法的系统性和可操作性,确保审计执法更加有章可循。根据下位法不得与上位法相抵触的基本法律适用原则,《审计法实施条例》的制定、修改与实施依赖于《审计法》的明确规范指引。如果作为上位法的《审计法》的内容不能适应当前和今后国家审计工作的要求,作为下位法的《审计法实施条例》则不可能起到有效的补充和衔接作用,整个审计法律制度体系将是低效甚至无效的,也就无法真正发挥制约和监督权力运行的作用。从这个意义上讲,对《审计法》进行修订和完善,使其真正成为审计领域的基础性、综合性法律,才能让审计法律制度体系中的其他审计法律规范更加于法有据,才能构建与时俱进的中国特色审计法律制度。《审计法》(2021)总结了近年来审计监督制度的改革成果使之成功上升为法律,有效协调了审计改革和审计立法之间的关系,为审计工作提供了重要的法律支撑和法理依据。

第二节 《审计法》(2021)的主要修改内容

《审计法》(2006)共 7 章 54 条,《审计法》(2021)在此基础上进行了修正和补充。具体来说,此次修正,修改了 34 条,增加了 7 条,合并了 1 条,使《审计法》从

---

① 《中国审计年鉴》编委会. 中国审计年鉴(2006)[M]. 北京:中国时代经济出版社,2007:591.
② 谢冬慧. 新中国七十年审计法治发展之回瞻望[J]. 中国法律评论,2019(5):154.

原来的54条增加至60条，内容更加丰富。而且，此次修正注重细节，对个别概念表述进行了微调。①这部在出台27年才完成第二次修正的审计领域最为基础的法律，正在面临审计现实的检验。它能否如所期望的那样在法治轨道上推进审计制度改革？这一问题值得持续关注。虽然《审计法》（2021）基本上延续了《审计法》（2006）的框架结构，但在审计范围、审计整改、审计权限、审计程序等方面有很多新变化，我们可以从不同方面对它进行研究和认识。下面将从不同角度并结合《审计法》（2006）的有关规定，对《审计法》（2021）的主要修改内容进行详细评述。

一、审计政治站位的提高：把党的领导融入审计立法

《审计法》（2006）中第2条共有3款，是关于审计机关设置、审计监督范围和审计监督工作基本任务的规定。②《审计法》（2021）将原第2条第1款分为两款，分别作为第2条的第1款和第2款。更为重要的是，在第2条第1款中增加了党对审计工作领导的有关规定，即"坚持中国共产党对审计工作的领导，构建集中统一、全面覆盖、权威高效的审计监督体系"。把党的领导写入国家审计法律正文，充分提高了审计工作的政治站位。

值得一提的是，《审计法》（2021）并非我国"党的领导入法"的唯一一部法律。现行《监察法》（第2条）、《立法法》（第3条）等十余部全国人大及其常委会制定的法律均涉及了"党的领导"。③诚然，《审计法》（2021）和绝大多数前述的法律一样，只是在法条中抽象确认"党的领导原则"，并未将党的具体领导方式、范围和程序以

---

① 例如，《审计法》（2021）中将"被审计对象"改为"被审计单位"，将"主管部门"改为"主管机关、单位"，将"纠正"改为"整改"。
② 安建，全国人民代表大会常务委员会法制工作委员会．中华人民共和国审计法释义[M]．北京：法律出版社，2006：3.
③ 欧爱民，向嘉晨．"党的领导"入法原则及其标准[J]．中共天津市委党校学报，2020（3）：5.

及相应的法律责任写明。但是，这对新形势下审计工作而言意义非凡，是《审计法》（2021）中最重大的修改，原因是：（1）对其他各处修改起到统领作用。（2）是对党章、宪法相关新规定的有效承接。2017年《中国共产党章程》修改，历史性地把"党是领导一切的"写入其中。2018年《宪法》修改，在"正文"部分增加了"中国共产党领导是中国特色社会主义最本质的特征"，一别于之前仅在"序言"部分有党的领导表述的做法。据此论断，本次修改将党章、宪法的有关规定在《审计法》中得到了具体落实。（3）对审计监督的性质和地位进行重塑。《审计法》（2006）第2条主要是关于国家实行审计监督制度、审计行政机关设置的规定，更多的是一种对审计行政体系的确认。或者说，这样的规定更偏向于将审计机关定位为行政机关、业务机关。比较而言，《审计法》（2021）把"党的领导"的相关表述置于第2条首款，列示于"审计行政机关设置"之前。这就开宗明义地指出：国家审计本质上是由党创立和领导的政治监督工作，审计机关不仅是行政机关，更是政治机关，是党的工作部门。

在审计领域坚持党的领导是旗帜鲜明讲政治、坚决维护党中央权威和集中统一领导的政治要求。事实上，任何法律的出台都离不开政治上的决断和推动，修改《审计法》是党中央适应新时代要求所作出的重大政治决断。坚持党的领导是我国行政立法工作的根本保证，更是一直遵循的重大原则，这是我们党在领导立法的长期实践中得出的一条铁律。《审计法》作为规范审计工作的基本法，应始终紧紧围绕着党和国家的中心任务和工作重点发挥保障与规范作用，其立法工作的改进与完善实际上是党对审计工作的领导不断发展的结果。在《审计法》（2021）的总则中明确坚持党对审计工作的领导，对其他各处修改以及整个《审计法》都会起到统领作用。

党的十八大以来，以习近平同志为核心的党中央坚持全面从严治党，坚持思想建党和制度治党同向发力，以党章为根本遵循，制定完善《中国共产党廉洁自律准则》《中国共产党纪律处分条例》《中国共产党问责条例》等党内法规，扎密扎牢全面从严治党的制度笼子。[①] 作为涉及党和国家事业全局的重要工作，审计监督是一个现代化国家标配的制度设计，因而又直接涉及国家治理体系和治理能力的现代化。中国特色社会主义最本质的特征是中国共产党的领导，中国特色社会主义制度的最大优势也是中国共产党的领导，党是最高政治领导力量。应当指出的是，审计权是党创立和领导的经济监督权，它本身即是国家政治权力的一部分。因此，作为党和国家审计监督体系的基础性法律，《审计法》必须坚持以党的政治建设为统领，切实保证审计工作始终沿着正确的政治方向前行。

诚然，审计工作涉及党和国家事业全局，在党中央集中统一领导下开展具有正当性和合法性。在审计立法层面正式确立党的领导在审计工作中的地位，是《审计法》（2021）的一大亮点，具有重大而深远的意义：其一，它以法律形式明确和强化了党对审计工作的领导，在党的历史上以及审计法治发展史上尚属首次，在世界范围内也具有独创性，是党中央治国理政思想的重大创新；其二，它要求各级审计机关坚持依据党章党规和法律法规履行监督职责，自觉提升依纪依法履职能力，既执纪又执法，做到纪法融合和法法衔接；其三，将党中央推进审计管理体制改革成果法治化，以增强审计监督的权威性和实际效果；其四，它为审计事业发展注入了新的思想和行动力量，有利于中国特色社会主义事业全局开创新的篇章。

二、关于审计监督的独立性和公信力

（一）强化审计监督的独立性

审计监督的独立性问题一直是《审计法》修改、完善的核心议题，本次修改突出

[①] 胡泽君. 认真落实全面从严治党主体责任 推动新时代审计机关党的建设新发展[J]. 机关党建研究，2020（5）：14.

强化了审计监督的独立性。《审计法》(2006)第12条规定:"审计人员应当具备与其从事的审计工作相适应的专业知识和业务能力。"第13条规定:"审计人员办理审计事项,与被审计单位或者审计事项有利害关系的,应当回避。"显然,《审计法》(2006)关于审计独立性方面的条款明显较少,尤其缺乏组织控制过程中的独立性的规定。而《审计法》(2021)将第12条改为第13条,并增加一款,作为第2款,"审计机关根据工作需要,可以聘请具有与审计事项相关专业知识的人员参加审计工作"。同时,将第13条改为第15条,并在其中新增加了第14条,即"审计机关和审计人员不得参加可能影响其依法独立履行审计监督职责的活动,不得干预、插手被审计单位及其相关单位的正常生产经营和管理活动"。其中,新增的第14条对组织控制过程中的审计独立性进行了明确规定,即要求审计机构和人员接受委托对有关单位实行监督和评价的过程中,不得直接参加其经营管理活动。可以说,《审计法》(2021)强化了监督者的被监督身份,规范了审计人员在审计过程中的监督行为。

一方面,审计监督具有独立性是国际公认的惯例。1977年,最高审计机关国际组织在秘鲁利马召开第九届代表大会,《利马宣言》被与会代表通过。我国于1983年加入该组织。《利马宣言》第二章以"独立性"作为标题,包括第五节、第六节和第七节三节内容:其一,第五节是关于最高审计组织的独立性。最高审计组织必须具备职能上和组织上的独立性,只有独立于受审单位之外,不受外来影响,才能客观、有效地完成其工作任务。最高审计组织的独立性程度应当由宪法加以规定,同时,最高法院也应提供充分的法律保护。其二,第六节是关于最高审计组织成员和官员的独立性。最高审计组织的审计人员在任职期间应独立于受审单位之外,避免受到影响。其三,第七节是最高审计组织财政上的独立性。最高审计组织有权直接向制定国家预算的公共机关申请经费,并在自己职责范围内安排、使用。另一方面,审计监督具有独立性是我国《宪法》的规定。《宪法》赋予审计机关独立地行使审计监督权,旨在防止审计工作受到干扰和侵犯,以维护审计秩序和保障审计效果。①《审计法》(2006)第5条也作了几乎相同的表述。可以说,《宪法》和《审计法》(2006)不仅确定了审计机关的地位,也确立了审计监督的独立性原则。但由于《审计法》(2006)第5条的规定是对《宪法》第91条的重述,因而弱化了"审计独立"的可操作性。在审计实践中,审计监督的独立性并未得到真正体现,它更多的只是一种应然层面的设定。

2021年修改注意到"审计独立"的可操作性问题,《审计法》(2021)部分条款对《宪法》确立的审计监督独立性原则进行了细化或补充。例如,为防止审计机关和审计人员徇私舞弊或发生偏见,以及保障审计监督权依法独立行使,第15条确立了回避原则并在第14条规定审计机关和审计人员不得参加可能影响其依法独立履行审计监督职责的活动,不得干预、插手被审计单位的正常生产经营和管理活动。

(二)强化审计监督的公信力

《审计法》(2021)增加了一条,作为第52条,大大提高了审计监督的公信力,该条规定:"被审计单位应当按照规定时间整改审计查出的问题,将整改情况报告审计机关,同时向本级人民政府或者有关主管机关、单位报告,并按照规定向社会公布。各级人民政府和有关主管机关、单位应当督促被审计单位整改审计查出的问题。审计机关应当对被审计单位整改情况进行跟踪检查。审计结果以及整改情况应当作为考核、任免、奖惩领导干部和制定政策、完善制度的重要参考;拒不整改或者整改时弄虚作假的,依法追究法律责任。"与此同时,《审计法》(2021)第43条中增加了审计人员对有关单位和个人进行调查时不得少于两人的规定。这不仅进一步规范了审计调查行为,更强化了审计监督程序的公正建设,相比于实体公正,程序公正也是维护审计监

---

① 《宪法》第91条第1款规定:"审计机关在国务院总理领导下,依照法律规定独立行使审计监督权,不受其他行政机关、社会团体和个人的干涉。"

督公信力的一个重要面向。

公信力，即赢得公众信任的力量。提高审计的公信力，关键在"公"，重点在"信"。审计作为政府内部的经济监督机关，要做到提高社会各界对审计的信任，在《审计法》（2006）和审计管理体制下，实属不易。《审计法》（2021）明确要求被审计单位应按规定时间整改审计查出的问题，报告本级人民政府或有关部门，并向社会公布整改结果，审计机关应对整改情况进行跟踪检查，对拒不整改或整改时弄虚作假的依法追究责任；此外，还特别强调了整改情况是考核、任免、奖惩领导干部的重要参考。可见，《审计法》（2021）强化审计成果运用和重视整改情况落实，尤其是将审计整改情况直接与领导干部切身利益挂钩，提高了审计成果运用的成效，会极大地提高审计的公信力。

三、关于审计监督范围

《审计法》（2021）第三章是关于审计机关职责的规定，其中大多数条款都涉及审计范围，例如，第19条第1款规定："审计署在国务院总理领导下，对中央预算执行情况、决算草案以及其他财政收支情况进行审计监督，向国务院总理提出审计结果报告。"该法第22条第1款规定："审计机关对国有企业、国有金融机构和国有资本占控股地位或者主导地位的企业、金融机构的资产、负债、损益以及其他财务收支情况，进行审计监督。"该条第2款规定："遇有涉及国家财政金融重大利益情形，为维护国家经济安全，经国务院批准，审计署可以对前款规定以外的金融机构进行专项审计调查或者审计。"与《审计法》（2006）相比，《审计法》（2021）将中央决算草案、和国家财政金融重大利益情形相关联的其他金融机构、其他关系国家利益和公共利益的重大公共工程项目的资金管理使用和建设运营情况等纳入了审计监督的范围。可以说，在现有宪法和法律框架下扩大了审计监督的范围，助推审计监督迈向全覆盖。

党的十九大报告指出，我国经济已由高速增长阶段转向高质量发展阶段，正处在转变发展方式、优化经济结构、转换增长动力的攻关期。因此，要实现经济高质量发展，必然需要相应的机制和制度保障，尤其离不开作为国家治理重要制度安排和基石的国家审计。[①] 作为党和国家监督体系的重要组成部分，国家审计对国家财政收支及相关经济活动进行监督检查，以维护国家经济安全和防范化解经济风险。为更好地履行国家财产"看门人"和经济安全"守护者"的职责，国家审计根据党中央、国务院《关于加强审计工作的意见》《关于完善审计制度若干重大问题的框架意见》等文件关于全覆盖的要求，结合审计实践的发展和国家治理的需求，进一步扩大监督范围。在审计内容上，《审计法》（2021）根据党的十八大以来对审计机关的职责要求，在《宪法》和法律框架下扩展了审计范围，增加了对除政府投资建设项目外的其他重大公共工程项目、国有资源、国有资产、公共资金、地方银行以及国家重大经济社会政策措施落实等进行审计监督的规定。以地方银行为例，由于近年来地方性非国有银行等金融机构风险事故频发，严重地影响了社会稳定和金融安全，《审计法》（2021）遂增加了对包括地方银行在内的其他金融机构进行审计监督的规定，将地方银行也纳入国家审计的范围。此外，《审计法》（2021）明确要求被审计单位应按规定时间整改审计查出问题，审计机关应对整改情况进行跟踪检查，对拒不整改或整改时弄虚作假的依法追究责任。这是推进"审计全覆盖"的一个重要举措。

进入新时代，国家审计在国家治理中扮演的角色越来越突出、所处的地位越来越重要、发挥的作用越来越彰显。此时，经济发展不再单纯以规模论成败，而是以满足人民对美好生活的向往作为经济发展的目标。这与《审计法》（2021）审计全覆盖的目标具有趋同性。例如，《审计法》（2021）第23条增加了对除政府投资建设项目外的其

[①] 刘家义. 国家治理现代化进程中的国家审计：制度保障与实践逻辑［J］. 中国社会科学，2015（9）：64-83.

他重大公共工程项目进行审计监督的规定。该规定是对现行审计制度的一个突破,它意味着只要涉及国家利益、公共利益和关系人民生命健康的重大公共工程项目,如体验馆、影剧院和游乐园等,即使是非政府投资建设项目也都应当纳入审计监督的范围,以最大限度地保障这些民生工程项目的质量安全。须明确,对非政府投资建设项目资金进行审计实质是财政审计的延伸,属于"延伸审计"的范畴。延伸审计是由审计监督工作的特殊属性决定的,审计机关在进行审计监督时,除需要被审对象配合以外,与被审对象相关工作有关联的国家机关、社会团体、企事业单位和公民个人也有配合的必要。从一定意义上说,没有延伸审计,审计监督就无法进行下去。[①] 在国家治理视野下,延伸审计对提升财政资金绩效,加强财政资金管理是非常必要和重要的。

四、关于审计队伍职业化建设

《审计法》(2021)强化了审计队伍自身职业化建设,加强了对审计机关、审计人员以及审计活动的要求,帮助审计机关更好地全面依法履行审计监督职能。例如,《审计法》(2021)第12条规定:"审计机关应当建设信念坚定、为民服务、业务精通、作风务实、敢于担当、清正廉洁的高素质专业化审计队伍。审计机关应当加强对审计人员遵守法律和执行职务情况的监督,督促审计人员依法履职尽责。审计机关和审计人员应当依法接受监督。"该法第13条第2款规定:"审计机关根据工作需要,可以聘请具有与审计事项相关专业知识的人员参加审计工作。"

审计队伍的建设是国家审计事业发展的重中之重,积极推进审计职业化建设不仅是提高审计队伍整体素质的重要保障,更将有效服务于国家治理。审计事业的发展要以审计人员和审计队伍的日益完善为基础,因此必须全面加强审计队伍的政治、思想、

[①] 程乃胜.论《审计法》的修改与完善[J].江海学刊,2020(6):253.

组织、纪律、能力、机制等各方面的建设，打造更好更强的审计铁军。从党中央到各地方政府机关要深入贯彻习近平总书记系列重要讲话精神，建立一系列健全、高效的审计人员管理制度、审计人员分类制度、职业保障制度、审计专业技术资格制度、审计职业教育培训体系。大幅度提升审计队伍整体能力素质，增加高端骨干人才数量和比例，审计人才的总量和结构要与审计事业的总体发展基本适应。

推进审计职业化建设，是党中央和国务院对审计机关的新要求，也是促进审计队伍规范化、专业化、标准化的新途径。随着审计事业的不断发展，各级审计机关推进审计职业化建设成为必然趋势。当前，基层审计机关推进审计职业化面临的困难主要有缺乏专业人才、审计任务繁重、知识结构老化、理论水平不高、激励机制不足、执法不够独立等。近年来，审计项目规模越来越大，涉及面也越来越广，审计早已呈现出多元化发展趋势。为适应新要求，审计人员的知识面、创新能力都应迈上新台阶。审计工作是一项综合性很强的工作，审计人员不仅要具备优秀的业务能力，还要用丰富的政治理论知识武装头脑。只有理论联系实际，才能更好地开展审计工作。随着时代的变迁，现代审计不再是单纯的传统方式查账，而是对会计的结果的真实性、公允性作出评价，审计技能也从单一化向多元化发展。新时代是一个大数据的时代，实现审计职业化能够使得现代审计适应现代经济管理需要，促使现代审计向理论化、系统化方向发展。

审计在宏观经济调控中处于综合经济监督的地位，不仅对政府部门的财政、财务活动进行监督，而且对整个国民经济的各个环节、各个方面进行监督。近年来，备受关注的原铁道部刘某军案、国家开发银行王某案、邮储银行陶某明案、民航系统李某英案等重大案件，都发端于审计，这也预示着审计在行政权力的制约和监督中发挥着不可替代的作用。从审计入手不仅可以发现权力出轨，也有利于发现制度漏洞和体制问题，进而对其进行完善，从源头上遏制腐败，打造廉洁政府。然而目前，我国审计机关尤其是基层审计机关的审计工作仍然受到地方上的影响，人权、财权、物权也都受制于地方政府，上级审计机关仅限在业务方面进行指导，其独立性被大大削弱，不能够完全公允、客观地反映审计事实。实现审计职业化，能够凸现国家审计的独立性，更能够有效地制约和监督行政权力运行。

五、关于审计机关权限

《审计法》（2021）第 34～41 条是关于审计机关权限的规定，它赋予并强化了审计机关履职必需的权限，以保障审计监督作用的充分发挥。例如，第 34 条规定："审计机关有权要求被审计单位按照审计机关的规定提供财务、会计资料以及与财政收支、财务收支有关的业务、管理等资料，包括电子数据和有关文档。被审计单位不得拒绝、拖延、谎报。被审计单位负责人应当对本单位提供资料的及时性、真实性和完整性负责。审计机关对取得的电子数据等资料进行综合分析，需要向被审计单位核实有关情况的，被审计单位应当予以配合。"第 41 条规定："审计机关履行审计监督职责，可以提请公安、财政、自然资源、生态环境、海关、税务、市场监督管理等机关予以协助。有关机关应当依法予以配合。"

（一）强化被审计单位对协助和配合审计机关依法履行职责的规定

我们知道，国家审计的主要目的是政府审计机关实施审计以发现经济责任主体存在违反国家法律法规的问题并探寻其成因，从而发现国家治理中的体制机制障碍、制度本身的漏洞和自身的固有缺陷，以有效发挥审计工作经济监督的建设性作用，正本清源，最终达到国家审计"预防、揭示、抵御、清除"的功能。国家审计工作过程中审计人员需要将政府监督、政策法规和制度实施的情况反馈给执行者和被监督者，需要从不同渠道、不同部门获取相关信息，这就需要多主体、多向沟通参与审计的动态反馈机制建设。

在我国，反腐败工作主要由纪检组织、监察委员会以及司法部门负责，审计机关和市场监督管理部门起到的是辅助作用，为了达到更好的反腐败效果，就应该注重这些组织之间的协调与配合。其中，国家审计需要在反腐中发挥基础性作用——在对审计对象进行审计的过程中，需要及时发现在财政和财务收支等方面是否存在官员贪污腐败的线索，一旦发现要第一时间移交至公安和司法部门等待处理。同时，要充分发挥审计、纪检、监察和司法等部门各自的作用，在协调配合和信息资源共享的过程中提升反腐效果。但实际上，我国当前的政府审计监督工作并未能与上级或者同级的组织、反贪、财政、纪检、人事等相关部门形成统一而强有力的合力，未能做到审计监督的信息资源共通、共联、共享，致使审计机关的审计监督成果渠道不畅，审计监督信息利用率低下，从而制约了国家审计监督功能的充分发挥。

独立性对国家审计十分重要，但是国家审计区别于其他审计形式的最显著特征就是其具有权威性，权威性能够提高审计工作威慑力，避免审计工作受到外界干扰，保持审计独立、客观与公正；依法独立行使审计监督权，保证审计权威，进而对国家财政财务收支进行综合性专门监督，是对经济行为尤其是经济责任在一定程度上作出评价和鉴证的重要保障，当审计的权威性受到损害时，审计目的的实现也无从谈起。

现在一些被审计责任主体对审计工作不配合，对审计中查处的问题及整改意见不重视、不采纳，认为政府审计就是找麻烦，思想上存在侥幸、漠视审计违规问题而不思悔改，屡查屡犯，被审计责任主体的不作为致使审计监督作用得不到充分发挥，严重削弱了政府审计监督的权威性、严肃性。而且我国现存法律并未对以上各部门的不当行为作出规定，也未对信息失真的补救措施作出规定，这在很大程度上削弱了国家审计下腐败治理的效率效果。

(二）明确有关机关的协助义务

《审计法》（2006）第37条规定："审计机关履行审计监督职责，可以提请公安、监察、财政、税务、海关、价格、工商行政管理等机关予以协助。"该条款存在两个问题：其一，协助主体范围过窄，主要涉及公安、监察、财政、税务、海关、价格、工商行政管理等机关；其二，未明确相关单位的配合义务。该条款规定了审计机关可以提请相关部门协助工作，但是没有进一步明确相关单位的配合义务，对相关部门的约束力度不够。当审计机关在审计工作中需要相关部门协助的时候，如果相关部门不予以配合，或是配合程度没有达到应有要求，是不受本法强制约束的。这就可能造成本条规定空置的局面，不能够达到各部门之间协同互助，促进我国国家审计工作良性发展的预期效果。

《审计法》（2021）很好地解决了上述两个问题。首先，该法第41条增加了自然资源、生态环境和市场监督管理等机关，拓展了具有协助义务的主体范围。其次，该条款增加了"有关机关应当依法予以配合"的表述，明确了审计机关在履行审计监督职责时，"依法予以配合"是公安、财政、自然资源、生态环境、海关、税务、市场监督管理等机关的法定义务。这些机关不仅要予以配合，还要达到应有的配合程度，它们受到法律的强制约束。

六、关于大数据审计

大数据审计是随着数字经济时代的到来以及大数据技术的发展而产生的一种新的计算机审计方式。信息技术和互联网的快速发展，使得大数据审计完全取代传统审计成为可能，这是现代审计的发展方向和趋势。《审计法》（2006）第31条和第32条为大数据审计提供了最根本的法律依据：一方面，规定了大数据审计工作涉及的审计范围；另一方面，规定了大数据审计工作涉及的审计权责。但随着审计全覆盖政策的提出与实施，大数据审计工作的审计范围过窄、审计权责不健全等问题日益凸显，亟待在《审计法》（2021）中得到回应。《审计法》（2021）紧跟时代潮流，基于顶层设计视角为大数据审计工作提供了原则性指导，有效回应了上述问题。关于大数据审计条款的修订情况主要如下：第一，将《审计法》（2006）第31条改为第34条，并修改为"审计机关有权要求被审计单位按照审计机关的规定提供财务、会计资料以及与财政收支、财务收支有关的业务、管理等资料，包括电子数据和有关文档。被审计单位不得拒绝、拖延、谎报。被审计单位负责人应当对本单位提供资料的及时性、真实性和完整性负责"。同时新增一款作为该条第3款，"审计机关对取得的电子数据等资料进行综合分析，需要向被审计单位核实有关情况的，被审计单位应当予以配合"。第二，增加一条，作为第35条，即"国家政务信息系统和数据共享平台应当按照规定向审计机关开放。审计机关通过政务信息系统和数据共享平台取得电子数据等资料能够满足需要的，不得要求被审计单位重复提供"。上述这些条款的修改调整了审计机关要求提供资料的范围，健全了电子数据管理的法律保障，同时，赋予了审计机关获取审计数据的权力，即审计机关可以从国家政务信息系统和数据共享平台获取被审计单位的数据。

习近平总书记在中央审计委员会第一次会议上强调，要坚持科技强审，加强审计信息化建设。[①] 这一重要论述指明了新时代审计事业的前进方向，为应对信息化时代带给审计工作的冲击与挑战提供了根本遵循。该论述要求审计机关应牢固树立科技强审战略，用科技引擎发展，将大数据思维贯穿审计全过程，以大数据思维统领审计工作，构建大数据审计工作模式，推动审计工作腾笼换鸟、更好发展。近年来，随着数据收集与处理能力的增强，"大数据"在新时代背景下的应用深度和广度不断拓展，并

---

① 新华社. 习近平主持召开中央审计委员会第一次会议［EB/OL］.［2022-03-10］.https：//www.audit.gov.cn/oldweb/n9/n1613/n1614/c126353/content.html.

已成为新时代的重要标识。在审计实务中，通过大数据分析，可以快速地从成千上万条信息中发现一些违法违规线索，为审计工作提质增效。《审计法》（2021）增加了第35条，国家政务信息系统和数据共享平台应当按照规定向审计机关开放。通过大数据，事后审计便可以成为事中审计，甚至事前审计，并有效实现审计全覆盖。《审计法》（2021）中新增大数据利用的规定体现了大数据审计思维，推进了审计业务与信息化技术相融合。大数据时代下个人信息关涉多种主体的多重利益，具有复合法益性质，不仅涉及自然人层面的个体法益，而且涉及社会公众、国家等集体法益。更需要注意的是，在维护社会公共利益的同时，信息提供者的权益也不可忽视。因此，《审计法》（2021）第35条注重对信息提供者的保障，规定了审计机关获取相关信息的限度，有效防止审计机关要求被审计单位重复提供数据资料。同时，在《审计法》（2021）第16条、第57条中增加了审计机关和审计人员对相关信息的保密义务范围和相应法律责任。[①]

七、关于审计结果运用

《审计法》（2021）新增一条，即第52条，用以专门规范审计整改行为，该条规定："被审计单位应当按照规定时间整改审计查出的问题，将整改情况报告审计机关，同时向本级人民政府或者有关主管机关、单位报告，并按照规定向社会公布。各级人民政府和有关主管机关、单位应当督促被审计单位整改审计查出的问题。审计机关应当对被审计单位整改情况进行跟踪检查。审计结果以及整改情况应当作为考核、任免、奖惩领导干部和制定政策、完善制度的重要参考；拒不整改或者整改时弄虚作假的，

[①] 《审计法》（2021）第16条规定："审计机关和审计人员对在执行职务中知悉的国家秘密、工作秘密、商业秘密、个人隐私和个人信息，应当予以保密，不得泄露或者向他人非法提供。"该法第57条规定："审计人员滥用职权、徇私舞弊、玩忽职守或者泄露、向他人非法提供所知悉的国家秘密、工作秘密、商业秘密、个人隐私和个人信息的，依法给予处分；构成犯罪的，依法追究刑事责任。"

依法追究责任"。

（一）强化审计结果运用

审计监督是《宪法》确定的监督制度，审计成果是审计监督结果的直接体现。及时全面落实审计决定，是强化审计监督的重要保证；将审计成果建章立制，并加以规范管理、促进发展是审计监督的最终目标。近年来，审计成果利用不充分的问题未得到有效解决，少数地区、部门和单位违反财经法纪的行为屡审屡犯、屡禁不止，一定程度上影响了经济社会持续健康发展。对此，各级部门和企事业单位要从全面贯彻落实科学发展观，推进依法行政，促进廉政建设的高度，充分认识加强审计整改和有效运用审计成果的重要性。要进一步强化法治意识，切实把加强审计整改和促进审计成果有效运用作为推进依法行政的一项具体工作，列入重要议事日程，提高认识，强化措施，坚持标本兼治，注重健全长效机制，切实维护审计监督的严肃性、权威性，充分发挥审计在促进经济社会持续健康发展中的作用。

审计成果是审计工作的核心。因此，强化和改进审计结果运用必须提上议程：其一，要有效利用审计成果，充分发挥审计的"免疫系统功能"和建设性作用。发挥审计的"免疫功能"和建设性作用，关键在于对审计成果的充分运用。要进一步加强对审计工作的支持。各级纪检、组织、检察、监察等部门要积极支持审计机关依法行政、依法审计，研究解决审计执法中遇到的困难和问题，及时督促有关部门、单位落实审计决定，着力促进审计成果的有效运用。其二，对审计查出的问题，要做到事实清楚、定性准确、处理恰当、建议可行，以公开、公正、公平、效率为目标，深入分析问题产生的原因，从体制、机制上提出解决和预防问题的办法，形成有较高价值的审计成果。要加强审计法治建设，坚持有法必依、执法必严、违法必究，切实提高审计人员依法行政、依法审计的能力和水平；严格规范执法程序，认真落实审计执法责任制和执法过错责任追究制度，依法界定执法责任。要定期分类汇总审计成果的落实情况，认真研究评估审计整改措施的科学性和实际效果，深入分析提炼审计成果，注重长效机制的建立，为政府宏观决策提供参考。其三，完善审计结果运用机制。举例来说，寿光市纪检监察部门把审计决定落实情况纳入全市落实党风廉政建设责任制百分考核内容。在全市纪检巡查工作中，审计人员全程参与，对巡查年度内实施过领导干部经济责任审计的部门单位，直接借用审计结果，并把落实审计决定情况作为必查内容。组织人事部门把审计结果和审计决定落实情况纳入了部门单位领导班子和领导干部考核内容，要求被审计单位主要负责同志在半年和年度述职评议时必须报告审计决定落实情况，将考核结果作为干部选拔任用的重要依据。

（二）强化审计整改

审计整改是落实审计成果的根本保障，因此，各级部门和企事业单位要加大审计整改力度，健全和完善各项审计整改机制：其一，建立审计整改报告制度。一是审计机关要将审计结果在被审计单位的一定范围内予以通报，并对存在的问题要细化责任，分清集体责任与个人责任、主要领导责任与重要领导责任，同时提出具体明确的整改要求。被审计单位要在规定时间内向审计机关和有关部门报送整改情况报告。整改情况报告包括审计决定的落实情况，审计建议的采纳情况及采取的改进措施，对有关责任部门、责任人的处理情况，尚未整改到位的原因等。审计整改报告要同时抄送本级纪检（监察）机关和组织部门。二是审计机关每年要向本级政府综合报告全年审计整改工作情况。报告内容包括年度审计整改的基本情况、存在的问题以及加强审计整改工作的建议等。三是各级政府每年向本级人大常委会报告年度预算执行审计情况时，要同时报告审计整改情况，并根据人大常委会的审议意见，组织有关部门研究落实审计整改工作。其二，落实审计整改责任追究制度。审计机关要依法追究、划分违法违纪问题行为人的责任。被审计单位的主要负责人是落实审计整改工作的第一责任人。组织、人事和其他有人事任免权、奖惩考核权的有关主管部门，要把审计结果和整改情况作为评价领导干部履行经济责任、考察任用干部和考核部门年度工作的重要内容之一。对整改工作不落实、不到位负有责任的被审计地区、部门和单位的主要领导干部，纪委、组织、监察、人事、审计部门应依纪依规追究其责任。其三，实行审计整改公告制度。审计机关要在做好审计结果公告的基础上，逐步实行审计整改公告制度，引入社会监督和舆论监督。通过新闻媒体宣传报道审计整改典型，对拒不整改或屡审屡犯的单位予以公开曝光；对整改效果比较好的，特别是由此带来了较大经济和社会效益的，要予以充分肯定。其四，完善审计整改问责机制。审计整改工作从"头"抓起，被审计单位自身存在问题，其主要负责人负责整改；被审计对象下属单位存在问题，主管部门履行责任，督促下属单位整改。对无正当理由拒不落实或整改不力的，纪检监察、组织人事等部门按照规定、程序和干部管理权限，对被审计单位负责人、主管人员及经办人和当事人进行问责，或向问责决定机关提出问责建议，由有关部门视情节分别对单位负责人、主管人员及经办人和当事人给予批评、通报批评、责令写出书面检查或者诫勉谈话、人事调整等处理，并限期整改完毕。

（三）对审计移送作出明确规定

审计移送的制度设计有利于加强审计监督与其他监督之间的有效贯通，形成监督合力。《审计法》（2021）第45条、第54条具体规定了审计机关的移送处理行为。相比《审计法》（2006）第44条、第49条中的"应当提出给予处分的建议，被审计单位或者其上级机关、监察机关应当依法及时作出决定，并将结果书面通知审计机关"，《审计法》（2021）第54条针对审计移送的表述明显更为精确规范，其规定："被审计单位的财政收支、财务收支违反国家规定，审计机关认为对直接负责的主管人员和其他直接责任人员依法应当给予处分的,应当向被审计单位提出处理建议,或者移送监察机关和有关主管机关、单位处理,有关机关、单位应当将结果书面告知审计机关。"

党的十八大提出了要明确案件移送制度的程序和标准,这说明了审计案件移送制度完善的重要性。审计案件移送处理的效果在依法治国和发挥审计机关监督职能中有着非常重要的地位。近年来我国经济、社会等领域的深刻变革,资源的稀缺性逐渐加大,争夺各类资源的竞争日趋激烈,而行政权力在分配公共资源、调整利益格局等方面仍然存在较大的空间。目前,各类违法违纪问题和涉嫌经济犯罪行为正逐步向组织化、智能化发展。违法违纪行为主体群体化趋势明显。为寻求运作过程的相互支持和掩护,违法违纪行为的组织化程度大幅度提高,主体的范围逐步扩大。参与者围绕相关行政权力或管理职责的履行,在纵向上寻求保护和配合,在横向上寻求支持和掩护,逐渐形成以关键人物、权力运行、利益分配为中心的同心圆或利益链。突出表现在两个方面:一是上下串通、内外勾结的有组织犯罪行为;二是在单位主要负责人主导、默许下,部分中高级管理人员组织、参与的国家利益部门化、公共权力私有化的小团体违法行为。各类违法违纪行为和职务犯罪案件大量发生,既有复杂的社会背景因素,又有涉案个人内在的思想和动机根源。更为重要的是,对权力运行监督和制约存在的暂时性制度缺陷和薄弱环节,为违法违纪问题由动机转化为行为提供了充分机会。

因此,应逐步完善对违纪违法行为的审计治理与预防思路:一是通过加大问责力度实施威慑、预防,完善责任倒查机制、推行公务行为终身负责制,加大违法违纪行为尤其是隐性行为的违法成本;二是通过对策建议实施制度预防,在对典型案例的剖析中,寻找造成违纪违法行为的制度漏洞,以及政策执行缺陷,提出有针对性的治理措施和预防对策,充分发挥审计机关在推进民主法治建设和国家治理中的作用。

总之,一部现代化的《审计法》有助于把公共财政领域的反腐倡廉纳入常态化、法治化、阳光化、制度化的轨道。《审计法》(2021)充分顺应了新时代全面从严治党、防范风险和加强审计工作的需要,将审计与国家治理相结合,有助于党和国家重大决策、政策的实施落地。《审计法》(2021)修改、新增了诸多条款,意义重大。同时,《审计法》(2021)也对审计人员提出了更高要求和带来了更大责任。审计人员必须更加深入学习、准确理解,切实提升业务能力和增强职业道德,使学习更好地指导审计实践。

第三节 对《审计法》(2021)的展望

《审计法》(2021)颁布实施,不仅是我国审计监督制度发展历程中的一件大事,更是我国政治经济生活中的一件大事。当然,这并不意味着可以一劳永逸解决审计法治建设的所有问题,其在得到广泛认可的同时,未来也仍然存在进一步完善的空间。可以说,《审计法》的未来之路道阻且长,需要在以下几个方面加快改革的步伐,强化同中国式现代化要求相适应的审计法治建设。

第一,关于审计全覆盖问题。值得一提的是,随着财政资金受众对象日益多元化和复杂化,在现阶段的审计实践中,国家审计权向"非公"领域延伸的趋向愈发明显,换言之,如今审计监督已不能单纯置于传统意义上的行政监督项下来理解。其虽然不直接面向私主体,但出于对社会整体利益的考量,监督对象就有可能涉及使用公共资金、国有资产及资源的私营企业、社会组织、自然人等这几类特殊的私主体。《审计法》(2021)贯彻落实了《关于完善审计制度若干重大问题的框架意见》中"审计全覆盖"的具体要求,扩展了审计监督的范围。然而,应当指出的是,审计监督范围也并非没有边界,从形式上看,其应当保持在公共资金、国有资产和国有资源的限度之内。也就是说,"审计无禁区"仅针对管理、使用公共资金、国有资产和国有资源的相关地方、部门和企事业单位,并在此基础上实现审计无遗漏和审计全覆盖,以形成常态化和动态化的震慑。《审计法》(2021)第22条第2款规定,为维护国家经济安全,经国务院批准,审计署可以对其他金融机构进行专项审计调查或者审计。该法第23条规定,审计机关对重大公共工程项目的资金管理使用和建设运营情况进行审计监督。在这两个条文中,"其他金融机构"和"重大公共工程项目"所涉及的资金或资产很可能并不属于公共资金或国有资产的范畴。在此情况下,将它们一并纳入国家审计的监督范围,一定程度上则意味着作为公权力的审计监督权在进行自我扩张。而这种"扩张"可能会影响甚至限制公民的个人权利,或者导致公民个人权利的限缩。对此,需要重申的是,国家审计本质上仍然是对政府公权力的监督,不宜过多触及公民私权利的场域,所以未来的审计立法应当妥适协调审计全面覆盖与公民权利保障之间的关系。

第二,关于国家审计管理体制问题。基于对国家审计管理体制的现实考察,针对《审计法》(2021)所涉及的有关国家审计管理体制的规定,至少应在以下两个方面进行优化和完善。一方面,统一审计计划管理模式。建议由上一级审计机关统一管理下一级审计机关的审计项目计划,避免审计计划多头管理造成的弊端,以维护审计项目立项的权威性和严谨性。即各级审计机关根据法定职责和审计管辖范围编制本级审计机关年度审计项目计划,经本级政府审核,报上一级审计机关审批后执行。另一方面,明确审计管理职责。《审计法》(2021)第2条突出强调了党对审计工作的集中统一领导。但是,中央审计委员会以及其职责范围并没有出现在《审计法》(2021)中。而且,其中还缺乏关于政府审计机关行政首长负责制的相关规定。对此,需要言明的是,一般国务院各部门受国务院领导,通常表现为由国务院副总理分管。而根据《宪法》第91条第2款之规定,在中央层面,审计署直接受国务院总理领导。显然,这是一种由行政首长负责领导的法定管理体制。同样,为了最大限度保证审计工作的独立性,地方层面审计机关的领导也应当采取行政首长负责制。而在《审计法》(2021)中,有多处关于审计领导管理的条款（如第10条）简单地将以"本级人民政府批准"来代替行政首长领导管理，但事实上，人民政府这一概念的范畴是远远大于行政首长的。为此，建议在《审计法》(2021)中增加有关中央审计委员会、行政首长的表述。

第三，关于国家审计整改问题。国家审计注重发现和揭露问题，但如果只着眼于"问题"层面而忽视"整改"环节，审计的最终目的可能难以实现。可以说，审计整改是审计工作必不可少的内容之一。《审计法》(2021)第52条第3款规定："审计结果以及整改情况应当作为考核、任免、奖惩领导干部和制定政策、完善制度的重要参考；拒不整改或者整改时弄虚作假的，依法追究法律责任"，该条款不仅明确了审计整改的具体效力，强化了主体责任意识，也说明了审计整改工作已经作为一种奖惩依据纳入领导干部履行责任情况的评价体系。但值得注意的是，其中"拒不整改或者整改时弄虚作假"的法律责任仍然不明确。这在一定程度上会造成追责制度模糊，使审计整改陷入"改而又犯"的尴尬窘境。对于此问题，这里可适当参考一些地方性审计规章中的相关责任条款，如《浙江省审计整改责任追究办法（试行）》（浙委办发〔2017〕82号），该办法界定了虚假整改、拒绝或拖延整改，以及整改结果公告和整改督促协助不到位等责任追究情形，该办法在法律责任规定方面较为严密及细化。客观地讲，进一步明确审计整改的法律责任，有利于遏制审计实践中屡审屡犯、屡改屡犯的问题，切实增强审计查出问题整改的刚性约束。鉴于此，建议《审计法》(2021)将"依法追究法律责任"予以进一步明确，细化法律责任的构成要件、具体形式和追究标准，以完善审计整改环节的追责机制。

第四，关于国家审计救济问题。国家审计是一种典型的行政行为，且具有过程性。在审计的漫长过程中，审计机关作为以公共利益为名、拥有强大权力的政府部门，往往会有意无意地忽视被审计单位的私人利益。例如，在现实审计工作中，审计机关难免因认识性的错误而出现审计差错，从而使被审计单位（审计行政相对人）的权益受到侵害。从"无救济即无权利"这一最基本的法理而言,在国家审计领域,法律救济的重要性自然是不言而喻的。也因此,当审计行政相对人的权益被审计机关的具体行政行为所影响时,赋予其法律救济的权利是十分必要的。现有的审计救济途径主要是基于财务收支与财政收支两者的不同而分别设立的。但事实上,我国目前的审计法律法规对财政收支与财务收支的界定是混乱的,甚至存在交叉。这就意味着,财务收支与财政收支本来就难以区分,也就难以作为设立审计决定行政救济途径的依据。然而,《审计法》(2021)对审计救济途径的规定还不够全面具体。基于此,建议《审计法》(2021)中对区分财务收支与财政收支而分别设立救济途径的模式予以取消,同时,调整行政复议、行政诉讼及政府裁决三者的适用规定,以期为审计救济工作营造良好的发展环境。

第五,关于被审计单位失信惩戒问题。《审计法》(2021)明确要求被审计单位对审计查出的问题进行整改,同时,审计机关应对整改情况进行跟踪检查,对拒不改正审计中发现问题的,或者在改正问题时弄虚作假的,依法依纪追究责任。而在建设法治、诚信中国的背景下,信用责任应当被纳入法律责任体系,使其成为自民事、行政和刑事责任后的新型法律责任,同时,建立健全失信惩戒制度也应当受到重视。遗憾的是,《审计法》(2021)并未涉及信用责任,也没有关于对被审计单位或个人失信惩戒的内容。法律责任是实现立法目的的最后保障,缺乏信用责任及其相关法律后果会导致原本就单薄的审计法律条文形同虚设,不具有法律应当具备的强制执行力。据此,建议增设失信惩戒条款,以期在审计执法领域建立对失信主体的约束和惩戒机制。例如,在制定审计计划时,对已被纳入相关失信"黑名单"的失信单位和个人要重点进行审计或延伸审计,或者增加审计频次。必要时,审计机关可将严重失信主体移交给失信惩戒发起部门进行处理,同时加强对违法失信行为的信息披露和曝光力度。

第六,关于内部审计和社会审计的问题。国家审计、内部审计和社会审计有着共同的价值目标，它们都是国家或组织利益的捍卫者、公共资金的守护者。有效整合国家审计、内部审计和社会审计三者的力量，在贯彻落实党中央要求建立集中统一、全面覆盖、权威高效的审计监督体系精神的同时，有利于解决审计覆盖面日益增长的需求与国家审计人员力量不足的矛盾现状。然而，《审计法》(2021)并未对内部审计和社会审计进行更加细致的规定，不利于促进内部审计、社会审计和国家审计的协作共生，最终实现审计系统的整体增值。据此，一方面，《审计法》(2021)应当注重强化国家审计与内部审计的协同作用。即审计机关应当对审计对象的内部审计工作进行业务指导和监督，帮助其建立健全内部审计制度，通过加快内部审计管理机制和体制的转型升级，发挥内部审计风险防控和价值增值功能。另一方面，《审计法》(2021)应当大力推动社会审计的发展。即审计机关应当注重发挥社会审计的积极作用，灵活安排审计工作，借助社会审计的人员和技术力量有效解决国家审计人员紧缺的问题。

参考文献

[1] 彭华彰,等.国家审计与民主法治论[M].北京:中国时代经济出版社,2012:69.

[2] 胡贵安.国家审计权法律配置的模式选择[M].北京:中国时代经济出版社,2010:47.

[3] 张鸿杰,贾丛民.中国审计大辞典[M].沈阳:辽宁人民出版社,1990:425.

[4] 冯均科.以问责政府为导向的国家审计制度研究[J].审计研究,2005(6):13.

[5] 陈慧.如何实现国家审计与国家治理的啮合推动[J].审计月刊,2013(6):15.

[6] 谢冬慧.新中国七十年审计法治发展之回瞻望[J].中国法律评论,2019(5):153.

[7] 张红梅.论中国国家审计文化[J].财会月刊,2014(8):95.

[8] 王彪华.新形势下国家审计职能定位研究[J].中国软科学,2020(11):169.

[9] 鹿斌,沈荣华.中国特色社会主义审计制度70年回顾与展望[J].社会科学研究,2019(5):35.

[10] 李金华.中国审计史(第三卷·上)[M].北京:中国时代经济出版社,2005:179-180.

[11] 朱殿骅.新中国成立70年国家审计制度的演进历程与未来展望[J].西安财经大学学报,2020(2):35.

[12] 王彪华.国家审计准则变迁及其影响研究:一个理论解释[J].中央财经大学学报,2018(12):54.

[13] 刘家义.中国特色社会主义审计制度研究[M].北京:商务印书馆,中国时代经

济出版社，2016：36.

［14］孙宝厚.关于新时代中国特色社会主义国家审计若干问题的思考［J］.审计研究，2018（4）：5.

［15］李明辉.审计监督全面覆盖：涵义与实现路径［J］.南通大学学报（社会科学版），2020（6）：81.

［16］李季泽.国家审计的法理［M］.北京：中国时代经济出版社，2004：117.

［17］胡智强，王艳丽，胡贵安.审计法学［M］.北京：中国财政经济出版社，2012：25.

［18］胡耘通.依法治国背景下政府审计处罚制度探究［J］.中国软科学，2018（5）：11.

［19］胡智强.论我国审计法目的条款之完善：兼及审计法立法宗旨的拓展性分析［J］.法律科学（西北政法大学学报），2010（4）：140.

［20］朱殿骅.政治性是新时代国家审计权的首要属性［J］.审计月刊，2019（10）：8.

［21］赵昊东，赵景涛.公平正义综合指数对国家审计的启示［J］.审计研究，2016（3）：75.

［22］程乃胜.论《审计法》的修改与完善［J］.江海学刊，2020（6）：251.

［23］金太军.以增量改革完善审计管理体制［N］.新华日报，2018-04-04（13）：1.

［24］宋夏云，黄佳琦.国家审计功能边界研究［J］.财经论丛，2020（7）：76.

［25］刘爱龙.新一轮审计法修订完善问题探析［J］.江海学刊，2017（3）：148.

［26］曾晓虹.论国家审计在宏观调控中的保障监督作用［J］.江苏社会科学，2011（6）：43.

［27］杨肃昌.对组建中央审计委员会的几点认识［J］.财会月刊，2018（20）：6.

［28］厉国威，葛鹏辉.新时代国家审计与中央审计委员会的功能融合［J］.会计之友，2020（17）：128.

［29］赵广礼.试论审计体制改革：变迁和未来［J］.审计研究，2019（6）：46.

［30］杨肃昌.改革审计管理体制 健全党和国家监督体系：基于十九大报告的思考［J］.财会月刊，2018（1）：3-7.

[31] 王立彦.国家审计体系：中央审计委员会机制下的转型[J].财会月刊,2019（10）:3-7.

[32] 王会金.反腐败视角下政府审计与纪检监察协同治理研究[J].审计与经济研究,2015（6）:3-10.

[33] 王晓红.新时代国家审计的政治功能研究[J].西安财经大学学报,2020（3）:53-61.

[34] 李金华.中国审计25年回顾与展望[M].北京:人民出版社,2008:8.

[35] 董大胜.论国家审计产生的基础[J].审计研究,2020（2）:5.

[36] 周维培.从"鉴证"到"问责":全球视野下国家审计服务国家治理的路径分析[J].审计研究,2019（4）:3-10.

[37] 郭鹏飞.中国资源环境审计的发展历程、理论表征与实践深化[J].重庆社会科学,2021（3）:6.

[38] 尹平,戚振东.国家治理视角下的中国政府审计特征研究[J].审计与经济研究,2010（3）:10.

[39] 戚振东,曹小春.国家审计与国家治理体系:一个理论分析框架[J].东南大学学报（哲学社会科学版）,2018（7）:25.

[40] 郑石桥,刘庆尧.《审计法》涉及的若干基础性问题的再思考:基于十九大报告的视角[J].南京审计大学学报,2018（1）:9.

[41] 白华.论政府审计全覆盖的内涵与边界[J].财会通讯,2019（10）:14.

[42] 靳思昌,张立民.国家审计边界的定位:公共产品供给主体演进视角的分析[J].审计与经济研究,2012（4）:14.

[43] 晏维龙.国家审计理论的几个基本问题研究:基于多学科的视角[J].审计与经济研究,2015（1）:9.

[44] 陈英姿.国家审计推动完善国家治理的作用研究[J].审计研究,2012(4):16.

[45] 刘旺洪.审计法学[M].北京:高等教育出版社,2019:293.

[46] 程乃胜.国家审计全覆盖视域中的我国审计法律制度之完善[J].法学评论,2016(4):43.

[47] 赵广礼.试论审计体制改革:变迁和未来[J].审计研究,2019(6):45.

[48] 钱弘道,谢天予.审计全覆盖视域下的审计法变迁方向及其逻辑[J].审计与经济研究,2019(3):23.

[49] 杨亚军.国家审计推动完善国家治理路径研讨会综述[J].审计研究,2013(4):14.

[50] 刘家义.论国家治理与国家审计[J].中国社会科学,2012(6):64.

[51] 廖康礼,王玉勤,张永杰.渐进与突破:国家审计制度变迁与优化的路径分析[J].经济体制改革,2016(6):16.

[52] 班凤欣.审计定性和处理处罚中存在的问题及其规范[J].审计月刊,2010(12):24.

[53] 刘家义.国家治理现代化进程中的国家审计:制度保障与实践逻辑[J].中国社会科学,2015(9):66.

[54] 秦荣生.公共受托经济责任理论与我国政府审计改革[J].审计研究,2004(6):16-20.

[55] 钱啸森,李云玲.关于推行和完善审计结果公告制度的思考[J].审计研究,2006(2):24-28.

[56] 孙平.我国政府绩效审计发展研究[M].北京:经济日报出版社,2018:98.

[57] 胡波.论政府审计公告制度:新制度经济学的分析视角[J].中央财经大学学报,2009(5):93-94.

[58] 刘家义.深入学习贯彻审计法实施条例 充分发挥审计免疫系统功能[J].审计研究,2010(3):3-4.

［59］安建，全国人民代表大会常务委员会法制工作委员会．中华人民共和国审计法释义［M］．北京：法律出版社，2006：3．